EASY FRENCH READER

R. de Roussy de Sales

National Textbook Company
NTC a division of *NTC Publishing Group* • Lincolnwood, Illinois USA

1997 Printing

Published by National Textbook Company, a division of NTC Publishing Group.
© 1985, 1980 by NTC Publishing Group, 4255 West Touhy Avenue,
Lincolnwood (Chicago), Illinois 60646-1975 U.S.A.
Manufactured in the United States of America.
Library of Congress Catalog Card Number: 72-150244

7 8 9 VP 9 8

Preface

The title says it. *Easy French Reader* is a book that beginners in French can actually read—almost from the very first day of their French studies! The vocabulary used in this text is elementary and is listed at the beginning of a lesson or glossed in the margins. All words and expressions have also been collected in a general French-English Vocabulary at the end of the book. Verb tenses have been kept to a minimum: only the present, *futur proche, passé composé,* imperfect, and, occasionally, the imperative appear in the text.

Easy French Reader is divided into three parts. In the first section, the reader will encounter a series of *Conversations* between Charles, a young Frenchman, and Christine, his friend from the United States. The only verb tense used until Lesson 15 is the present indicative. In Lesson 15, the *passé composé* is introduced. After every four lessons, there is a *Révision,* in which the vocabulary and conversations are presented again in a new form. Questions to check comprehension accompany each *Conversation.*

Part Two, *Les grandes figures de l'Histoire,* offers biographical sketches of famous personalities in French history— Charlemagne, Joan of Arc, Napoleon, and de Gaulle to mention a few. Once again, each lesson is followed by comprehension questions and, as in Part One, *Révisions* summarize the material.

Part Three, *Histoires célèbres,* presents four great French short stories: *La dernière classe,* by Alphonse Daudet; *Le grand Michu,* by Emile Zola; *Les pêches,* by André Theuriet; and *La parure,* by Guy de Maupassant. These tales have been specially adapted for the reading pleasure of beginners. Difficult vocabulary has been glossed in the margins and content questions accompany each story.

Easy French Reader will provide hours of enjoyable reading to those who are new to the French language. It will also give them a background in French history and culture, an introduction to French literature, and, most important, a great deal of exposure to French as it is spoken and written in France today.

TABLE DES MATIÈRES

PREMIÈRE PARTIE–CONVERSATIONS

DEUXIÈME PARTIE–
LES GRANDES FIGURES DE L'HISTOIRE

TROISIÈME PARTIE—HISTOIRES CÉLÈBRES

PREMIÈRE PARTIE

Conversations

Charles et Christine et le chien
au Jardin du Luxembourg

[1]

Charles et Christine

à, to, at
l'ami¹, the friend
s'appelle, is named
aussi, also
beaucoup, many, much
de, of
des, some
l'école, the school
il est, he is
elle est, she is

et, and
la fille, the girl, daughter
français, French
le garçon, the boy
joli, pretty
le père, the father
seulement, only
ils sont, they are
très, very

il y a, there is; there are

Charles est français.
Il est l'ami de Christine.
Christine est américaine.
Elle est très jolie; et intelligente aussi.
Ils sont amis.
A l'école de Charles, il y a beaucoup de garçons.
A l'école de Christine, il y a des filles et des garçons.
Le père de Charles s'appelle Raoul Dupont.
Les parents de Christine s'appellent Franklin.

---

¹ *The articles* **le** *and* **la** *become* **l'** *before a vowel or silent h.*
Adjectives agree in gender and number with the noun they modify.
The final **e** *of words, if it does not have an accent, is silent:* pèr(e), élèv(e), écol(e), ami(e), joli(e), s'appell(e).

Exercise

True or false

In the sentences that follow, indicate whether the statements are true or false:

1. Charles est français.
2. Les parents de Charles s'appellent Franklin.
3. Christine est l'amie de Charles.
4. Le père de Charles s'appelle Charles aussi.
5. A l'école de Charles, il y a des garçons et des filles.
6. Christine est la fille de Charles.
7. Christine est française.
8. Le père de Christine s'appelle Raoul Dupont.

Charles, Christine et le chien

elle a, she has	**en,** in, at
anglais, English	**l'enfant,** the child
il apprend, he learns	**ensemble,** together
avec, with	**il étudie,** he studies
bien, well	**mais,** but
bon, good	**même,** even
car, because	**ils ont,** they have
le chien, the dog	**il parle,** he speaks
comme, as	**il répond,** he replies
il comprend, he understands	**tout,** all (sing.); **tous** (pl.)
il écoute, he listens to	**un, une,** a, an, one
tout le monde, everybody	

Charles parle français très bien, car il est français.

En France, tout le monde parle français; même les enfants!

Beaucoup de Français parlent anglais aussi.

Charles apprend le français à l'école, et comme Charles et Christine sont bons amis, ils étudient ensemble.

Charles apprend le français à Christine et Christine aide Charles à apprendre l'anglais.

Christine parle français avec un joli accent américain, et Charles parle anglais avec un terrible accent français—comme tous les Français!

Christine et Charles sont bons amis; mais comme tout le monde, ils ont des opinions différentes. Ils ont beaucoup de discussions.

Christine a un chien. Il s'appelle Chouchou.

Chouchou est un bon chien. Comme tous les chiens, il écoute les conversations. Il comprend le français.

■ *Words ending in* **tion** *mean the same in French as they do in English. In French they are of the feminine gender.*
Example: la création, la fédération, la réputation, la position, l'inspiration, etc.
There are about 500 such French words, but before you can use them properly, you must know the accents and pronounce them correctly.

Exercise

Give the French word for the following.[1]

1. constitution	6. generation
2. consideration	7. preparation
3. imagination	8. operation
4. meditation	9. plantation
5. invitation	10. reputation

---

[1] *The letter* **e** *in the middle of a word generally has an accent. In French, every syllable is pronounced with an even stress of each syllable (instead of stressing the next to the last syllable as in English).*

La famille de Charles

aujourd'hui, today
la chaise, the chair
la chambre, the room
cinq, five
dans, in
du (m.) }
de la (f.) } of the
des (pl) }
l'étage, the floor
le frère, the brother
habiter, to live
l'immeuble, the building

le lit, the bed
la maison, the house
la mère, mother
ne . . . pas,[1] not (negative form)
quarante, forty
quatre, four
le salon, the drawing-room
la sœur, the sister
sur, on
trois, three
la vue, the view
à côté de, next to

Sous - under

Les parents de Charles habitent à Paris dans une maison de six étages. Aujourd'hui, à Paris, il y a des immeubles de quarante étages.

L'appartement de monsieur et madame Dupont, les parents de Charles, est confortable; mais il n'a pas l'air conditionné.

Dans l'appartement, il y a un salon immense avec vue sur la Seine et la tour Eiffel. Dans le salon, il y a un piano et trois portraits de famille. Un des portraits est de la mère de Charles.

Dans la chambre de Charles il y a un lit, deux lampes, quatre chaises, un poste de télévision et une guitare.

La chambre de Charles est à côté de la chambre de monsieur Dupont. La chambre du père de Charles est à côté du salon.

Charles a un frère; il s'appelle Jean. Il n'a pas de sœurs.

Le père de Charles est pilote. Il est un des pilotes d'Air France.

pelot

ne V pas

---

[1] *The negative is formed by placing* **ne** *before the verb and* **pas** *after it.* **ne**—*verb*—**pas**
Example: il ne parle pas.
Ne *becomes* **n'** *before a vowel or a silent h*
Example: Elle n'est pas jolie

Vue du salon de l'appartement

Charles et sa guitare

Le père de Charles

■ *Note that most words ending in* (**ble**) *mean the same in French as in English:*
Example: la table, la fable, la Bible, le cable, noble, terrible, formidable, considérable, sociable, etc.

Exercise

True or false

In the sentences that follow, indicate whether each statement is true or false.
1. L'appartement des Dupont a l'air conditionné.
2. La chambre de monsieur Dupont est à côté du salon.
3. Charles a une sœur.
4. A Paris, il y a maintenant beaucoup d'immeubles de quarante étages.
5. Dans le salon des Dupont, il n'y a pas de piano.
6. Les parents de Charles habitent à New-York.
7. Dans le salon, il y a un lit.
8. Charles a un poste de télévision.
9. Charles a une guitare.
10. Charles a une sœur.

La famille de Christine

autre. other
bavard, loquacious
beau, fine, beautiful
la campagne, the country
la chose, the thing
l'été, the summer
il fait, it does; it is[1]
froid, cold
l'hiver, the winter
là, there
la neige, the snow
le nom, the name

on, one, someone, we
ou, or
penser, to think
plus, more
quand, when
que, which, that, than, what
rencontrer, to meet
la robe, the dress
son (m.) sa (f.) ses (pl.) his, her[1]
il va, he goes, is going to
C'est, it is
C'est dommage, it's a pity; it's too bad

Le père de Christine est docteur.

Comme il est très riche, les parents de Christine ont une maison à Paris et une autre à la campagne, en Savoie, dans les Alpes.

Ils ont deux autos et deux garages.

Christine n'a pas d'auto. C'est dommage! Mais elle a une bicyclette.

L'hiver, il fait très froid en Savoie et il y a beaucoup de neige. On fait du ski. Christine aussi fait du ski.

L'été à Paris, quand il fait beau, elle va au jardin des Tuileries. C'est là qu'elle rencontre Charles.

Quand ils sont ensemble, ils parlent de beaucoup de choses.

Charles parle plus que Christine; il est plus bavard que son amie. Chouchou préfère écouter Christine.

x V plus que y

---

[1] *See idiomatic uses of verb* **faire** *page 199.*
[2] *Notice that the French possessive adjectives and pronouns agree with the thing possessed,* **not** *with possessor (as in English).*
Example: **sa femme,** *his wife.*

Charles parle de sports, d'automobiles, des programmes de télévision, de sa guitare, ou de ses photos; car il est photographe. Tous les sports l'intéressent: la boxe, le football, le hockey, et cætera.

Christine parle d'autres choses: elle parle de musique, de Beethoven, de Mozart, de Berlioz, de Bizet, ou de ses robes. Elle étudie le piano au Conservatoire.

Charles n'écoute pas. Il pense à autre chose.

Christine parle aussi de son école. Elle va à une école américaine à Paris. C'est là qu'elle apprend le français. Son professeur de français ne parle pas anglais.

■ *Note that most English words ending in* **or** *end in* **eur** *in French.*
Example: le docteur, le professeur, l'humeur, le distributeur, la terreur, l'intérieur, l'acteur, *etc.*

■ *Also notice that the names of* **sports** *are the same in both languages:* Le golf, le tennis, le hockey, le ski, le ping-pong, le football, le volley-ball, le cross-country, le steeple-chase, le basket-ball, le croquet, *etc.*

Exercise

Replace the word in parenthesis by the appropriate French word:
1. Charles parle de (*his*) sport favori.
2. Christine parle de (*her*) sport favori et de (*her*) robes.
3. Elle (*goes*) à une école américaine.
4. A l'école, (*one*) étudie le français
5. Christine (*goes*) à l'école à bicyclette.
6. Charles (*does*) de la photographie.
7. Il (*does*) aussi de la boxe.
8. (*There are*) beaucoup d'automobiles à Paris.
9. (*The weather is*) beau aujourd'hui.
10. L'hiver, dans les Alpes, (*it is*) froid.

Révision

Charles est un garçon et Christine est une fille. Ils sont de nationalités différentes. Charles est français et son amie Christine est américaine.

Charles et Christine étudient ensemble. Il va à une école de garçons. Il n'y a pas de filles à son école. C'est dommage!

A l'école de Christine, il y a des garçons et des filles. C'est une école mixte. Là, il n'y a pas de discrimination.

Les parents de Charles ont un appartement à Paris. L'appartement des Dupont est dans une maison de six étages. Du salon, on a une vue splendide sur la Seine et la tour Eiffel.

Charles a un poste de télévision dans sa chambre. Les sports l'intéressent. Il fait de la boxe et de la bicyclette. On fait beaucoup de bicyclette en France. C'est un des sports favoris des Français.

Christine fait du ski. Elle fait aussi de la bicyclette et va au jardin des Tuileries quand il fait beau. C'est là qu'elle rencontre Charles.

Christine a un chien; il s'appelle Chouchou. C'est un chien très intelligent; c'est même un chien remarquable. Il écoute quand on lui parle et comprend le français; mais il ne comprend pas l'anglais.

■ *Note that nouns ending in* **ation** *are derived from verbs. They are always verbs of the first conjugation (see page 195).*

Examples:	**opération**	**opérer**	*(to operate)*
	considération	**considérer**	*(to consider)*
	création	**créer**	*(to create)*
	interrogation	**interroger**	*(to question)*

Exercise

Using the above rule, translate into French:

1. To consult.
2. To determine
3. We consider
4. To accumulate
5. You expire
6. To cooperate
7. I invite
8. He inspires
9. To create
10. To accomodate
11. To decorate
12. I salute
13. You irritate
14. I accuse
15. We adore
16. They affirm
17. To adapt
18. To accelerate

A l'école de Christine

l'appel, the roll-call
crier, to shout
défendu, forbidden
dites! say!
l'élève, the pupil
ensuite, then
la feuille, the sheet
interrompre, to interrupt
le jour, the day
la journée, the day's period

la main, the hand
maintenant, now
il lève, he raises
premier, first
il prend, he takes
quel (m.), **quelle** (f.), **quels** (m. pl), **quelles** (f. pl.), which, what
répondez-moi, answer me
je sais, I know
la salle, the room
si, s', if

jamais de la vie, Not on your life; out of the question
plein d'entrain, full of pep
je vous prie, please
taisez-vous, shut up
n'est-ce pas? Isn't that so?
tout bas, in a low tone, in a whisper
qu'est-ce, what is it

Nous sommes à l'école de Christine. Les élèves sont tous américains, mais le professeur est français. C'est le premier jour de classe et la première leçon de français.

Les personnages sont:

Le professeur de français.

Christine, l'amie de Charles.

Bill, un garçon américain, et aussi un ami de Christine.

Lucy, une élève intelligente.

Mary, une autre élève.

Tom, un élève stupide.

Première scène

LE PROFESSEUR, *plein d'entrain.*—Bonjour! Bonjour mes élèves! Bonjour! Quelle belle journée!

CHRISTINE *(tout bas).*—Qu'est-ce qu'il dit?

BILL.—Je ne sais pas.

LE PROFESSEUR' *commence l'appel des noms.*—Mike Anderson! ... Tom Atkins! ... Jean Baird! ... Leon Brown! ... Donald Clark! ...

LUCY.—Sir! I think you have the wrong list.

LE PROFESSEUR.—C'est bien possible ... Oui, c'est possible ... C'est possible ...

(Il prend une autre feuille de papier et recommence l'appel des noms). Mary Atkins!

MARY *lève la main.*—Here Sir!

LE PROFESSEUR.—Répondez-moi en français, je vous prie. Dites "Présent" ou "Absent"!

BILL.—Sir! How can you say you are absent if you are not there?

LE PROFESSEUR.—Ne m'interrompez pas, je vous prie. Taisez-vous.

BILL.—Yes, Sir!

LE PROFESSEUR.—Un élève est présent ou il est absent. C'est l'un ou l'autre, n'est-ce pas?

LUCY.—Yes Sir!

(Le professeur continue l'appel des noms. Les élèves répondent "Présent" s'ils sont là. S'ils ne sont pas là, tous les autres crient "Absent!". Ensuite, le professeur commence la leçon de français:)

LE PROFESSEUR.—Maintenant, parlons français . . . Dans cette classe, on parle français. J'insiste! Je vais vous apprendre le français par la méthode directe. Il est défendu de parler anglais en classe.

MARY.—Sir! Could you please translate what you just said?

LE PROFESSEUR, *furieux.*—Non! Non, jamais de la vie!

TOM.—Well then, Sir, how shall we know what you are talking about?

LE PROFESSEUR.—Taisez-vous!

Exercise

Give the correct answer to these questions:

Q1.—Quand le professeur appelle votre nom en classe, que répondez-vous?
  R1.—Absent.
  R2.—Il est présent.
  R3.—Présent.
Q2.—Comment allez-vous?
  R1.—Très bien, merci; et vous?
  R2.—Ne m'interrompez pas.
  R3.—Taisez-vous.
Q3.—Quand une personne dit: "Il fait froid" que répondez-vous?
  R1.—C'est possible.
  R2.—Oui, n'est-ce pas?
  R3.—C'est dommage.
Q4.—Est-il défendu de parler anglais dans la classe de français?
  R1.—Jamais de la vie.
  R2.—Non, tout le monde parle anglais.
  R3.—Oui, c'est défendu.
Q5.—Nous sommes à l'école de Christine. Est-ce que Charles est là?
  R1.—Non, il est absent.
  R2.—Non, il est à une autre école.
  R3.—Oui, mais il ne parle pas.

—Où est la mouche maintenant?
—Elle est sur votre tête, monsieur.

Où est la mouche?

à la (f.) } to the, at the
au (m.) }
alors, then
après, after
ça, cela, that
il dit, he says
s'envole, flies off
étonné, surprised
la fenêtre, the window
le livre, the book
le[1] (m.) }
la (f.) } him, her, it, them
les (pl.) }

moi, me
montrer, to show; le montre, shows it
la mouche, the fly
le mur, the wall
où, where
le plafond, the ceiling
se poser, to alight; to land
regarder, to look at
sous, under
vers, towards
il voit, he sees

en effet, indeed

Scène 2

Le professeur prend un livre et le montre à Tom.

LE PROFESSEUR.—Qu'est-ce que c'est que ça?

TOM.—I beg your pardon, Sir?

BILL *tout bas à Tom.*—He is asking you what that thing is.

TOM.—Oh! C'est un ... une ... un ... *"bug"*, Monsieur.

(Le professeur, étonné, regarde le livre et voit la mouche).

LE PROFESSEUR.—Ah oui! En effet! C'est une mouche; répétez après moi: c'est une MOUCHE!

TOUTE LA CLASSE, *enthousiaste.* C'est une mouche.

LE PROFESSEUR.—Dites: c'est une mouche.

TOUTE LA CLASSE.—C'est une MOUCHE!

(La mouche se pose sur la table)

LE PROFESSEUR.—Et maintenant, où est la mouche? La mouche est SUR LA TABLE. Tout le monde, répétez: LA MOUCHE EST SUR LA TABLE.

---

[1] *When* le, la *or* les *are used next to a verb, they are personal pronouns and mean* him, her, it *or* them:
Ex. – Le professeur prend un livre et le montre à Tom.
The teacher takes a book and shows it to Tom. Je la vois, *I see her.*

TOUTE LA CLASSE, *enthousiaste.*—La mouche est sur la table. *(La mouche se pose sur le mur).*

LE PROFESSEUR.—Et maintenant, où est la mouche? LA MOUCHE EST SUR LE MUR.

TOUTE LA CLASSE, *enthousiaste.*—La mouche est sur le mur.

LE PROFESSEUR.—Et maintenant, Tom, où est-elle?

TOM.—Il est sur le mur, Monsieur.

LE PROFESSEUR.—Non, non, non! Pas "il", mais "elle". ELLE est sur le mur.

BILL, *tout bas.*—How can he tell it's a she?

CHRISTINE.—I don't know.

LE PROFESSEUR.—Répétez: Elle est sur le mur.

TOUTE LA CLASSE.—Elle est sur le mur.
(La mouche s'envole).

LE PROFESSEUR.—Où est la mouche? Où est la mouche maintenant? Où est-elle?

BILL, *tout bas.*—He has lost it.

CHRISTINE, *tout bas*—No, I see it; it's on the ceiling. *(Elle lève la main)* I see it, Sir!

LE PROFESSEUR.—Où est-elle?

CHRISTINE.—La mouche est sur le plafond, Monsieur.

LE PROFESSEUR.—Pas "sur" le plafond, Mais . . .

CHRISTINE.—La mouche est SOUS le plafond, Monsieur.

LE PROFESSEUR.—Non . . . pas exactement . . .

CHRISTINE.—Alors, le plafond est SUR la mouche, Monsieur.

LE PROFESSEUR.—Non . . . Oui et non . . .

BILL, *tout bas.* - He does not seem to know which way is up.

LE PROFESSEUR.—La mouche est AU plafond. Elle est AU plafond. Tout le monde, répétez après moi: la mouche est AU plafond.

TOUTE LA CLASSE, *enthousiaste.*—La mouche est au plafond.

Exercise

Select the correct word to replace the ones in brackets.

Q1.—L'élève *(place en l'air)* la main.

R1.—Lève.

R2.—monte.

R3.—montre.

Q2.—Le professeur *(indique)* le livre à l'élève.

R1.—prend.

R2.—regarde.

R3.—montre.

Q3.—Le professeur est *(surpris)* de voir une mouche sur le livre.
    R1.—plein d'entrain.
    R2.—furieux.
    R3.—étonné.
Q4.—La mouche *(va en l'air)*.
    R1.—se pose.
    R2.—s'envole.
    R3.—a froid.
Q5.—Le professeur entre dans la classe *(très enthousiaste)*.
    R1.—furieux.
    R2.—étonné.
    R3.—plein d'entrain.
Q6.—La mouche *(descend)* sur la table.
    R1.—se pose.
    R2.—pense à autre chose.
    R3.—est.

Au revoir!

chercher, to seek
le coup, the blow
dehors, outside
de nouveau, again
partir, to leave
il est parti[1], he has left
se, himself, herself, itself,
    themselves

sortir, to go out
il est sorti[1], he has gone out
la tête, the head
il va, he goes
il va[2], (followed by an
    infinitive) he is going to
voici, there is
voler, to fly
votre, your

Au revoir, good bye, so long

Scène III

La mouche s'envole de nouveau

LE PROFESSEUR.—La mouche vole. Répétez: la mouche vole.

TOUTE LA CLASSE.—La mouche vole.

LE PROFESSEUR.—Elle vole.

CHRISTINE.—Elle vole.

LE PROFESSEUR.—Et maintenant, où est la mouche?

CHRISTINE, *tout bas.*—I bet he has lost it this time.

LE PROFESSEUR, *cherche la mouche.*—Où est la mouche? Où est la mouche maintenant?

    (Tous les élèves lèvent la main).

LE PROFESSEUR.—Oui? Où est-elle?

CHRISTINE.—Elle est sur votre tête, Monsieur!

    (Le professeur se donne un coup sur la tête[3]*. La mouche s'envole).*

LE PROFESSEUR.—Et où est-elle maintenant?

CHRISTINE.—Elle va vers la fenêtre . . .

LE PROFESSEUR.—Ah oui? Je ne la vois pas.

MARY.—Je la vois! Je la vois, Monsieur!

LE PROFESSEUR.—Où est-elle?

BILL.—Elle vole . . .

---

[1] *Note that in French the verb* **être** *(to be) is often used when in English we use the verb* **avoir** *(to have) as an auxiliary (helping) verb.*
    Il est parti, *he has gone (or left).*
    Elle est sortie, *she has gone out.*

[2] *Note that as in English, the immediate future can be expressed with the verb* **aller** *(to go).*
    Il **va** *chanter, he is going to sing.*

[3] **Il se donne un coup sur la tête,** *he gives himself a blow (or hits himself) on the head.*

LUCY.—Oui, elle va sortir . . . La mouche va sortir.

BILL.—Elle **est** sortie. Elle est sortie, Monsieur.

LE PROFESSEUR.—Ah oui?

MARY.—Ah oui! Elle est sortie, Monsieur.

LE PROFESSEUR.—Elle est partie? C'est dommage!

TOUTE LA CLASSE.—Oui, Monsieur. Elle est partie.

LA MOUCHE, *de dehors.*—Au revoir, mes amis!

■ *It is interesting to note that many English verbs ending in* **ish** *are the same in both languages and are French verbs ending in* **ir.**
Examples. finir, périr, accomplir, établir, abolir, punir, chérir, nourrir, polir, languir, ravir, bannir.

Exercise

Place a transparent sheet of paper on this cross-word puzzle and try to work it out by filling in the proper word in each sentence.

All the words in this cross-word puzzle were used in the previous lessons.

Horizontal

1. En France, tout le ___ parle français.
5. Ici ___ parle français.
7. ___ est la mouche?
8. Elle ___ sur la table.
10. Christine a un ___; il s'appelle Chouchou.
12. L'hiver, quand il y a de la ___, on fait du ski.
14. Tu ___ américain.
16. Chouchou est ___ bon chien.
18. La chambre de M. Dupont est à côté ___ salon.
19. ___ France; tout le monde parle français.
20. L'___ à Paris, quand il fait beau, Christine va au jardin des Tuileries.

Vertical

1. Où est la ___? Où est-elle? Elle vole.
2. Charles parle de sports, d'automobiles, ___ des programmes de télévision.
3. Dans la classe de français, il est ___ de parler anglais.
4. Tu ___ un bon élève, n'est-ce pas!
6. La mouche s'envole de ___. Maintenant elle va vers la fenêtre.
9. ___es dans la salle de classe.
11. On ___ parle pas en classe. C'est défendu.
13. Est-ce que Charles est là? Non, ___ est absent.
15. Christine est l'amie de Charles; elle est ___ amie.
17. Je ___ sais pas.
18. Monsieur Raoul Dupont est le père ___ Charles.

1 M	2 O	N	3 E	4 E	■	5 O	6 N
7	U	■	8 S	T	9 T	■	O
I	■	E	■	U	■	U
10 C	H	I	E	11 N		
	■	12 E	I	13 G	E
14	15 S	■	D	■	L	■	A
O	■	16 N	17 I	■	18 D	U
19 E	N	■	20 L	T	

Christine a froid

ce, cet (m.) } this	**parce-que,** because
cette (f.)	**il peut,** he can (verb **pouvoir**)
ces, these	**pourquoi,** why
ceci, this	**qui,** who
chaud, hot	**le temps,** the weather
confondre, to confuse	**toujours,** always
fermer, to close	**vouloir,** to want, to wish
le matin, the morning	(Pres. **je veux, tu veux, il veut,**
ouvert, open	**nous voulons, vous voulez, ils**
ouvrir, to open	**veulent)**

vouloir dire, to wish to say; to mean
d'accord, O.K
à cause de, because; on account of
il faut, it is necessary; one must
Voyons! Look here!

CHRISTINE.—Je suis froide ce matin.

CHARLES.—Tu es toujours froide. C'est à cause de ton tempérament anglo-saxon.

CHRISTINE.—Mais non, voyons! C'est parce que la fenêtre est ouverte.

CHARLES.—Alors tu veux dire que tu **as** froid.

CHRISTINE.—Oui, c'est ce que je veux dire.

CHARLES.—Il ne faut pas confondre le verbe **être** avec le verbe **avoir.**

CHRISTINE.—Très bien, mais ferme la fenêtre parce qu'il "est" froid.

CHARLES.—Qui est froid? Tu parles du temps ou de ton tempérament?

CHRISTINE.—Du temps, bien sûr.

CHARLES.—Alors il faut dire: "Il **fait**" froid. Quand on parle du temps, on dit: "Il fait froid" ou "Il fait chaud".

CHRISTINE.—Très bien, mais ferme la fenêtre, s'il te plaît. Le temps **fait** très froid.

CHARLES.—Non, non, non!

CHRISTINE.—Pourquoi dis-tu non?

CHARLES.—On dit: "Il **fait**" froid, ou "Le temps est froid", mais on ne peut pas dire que le temps "fait froid".

CHRISTINE.—Pourquoi pas?

CHARLES.—Parce que c'est comme ça . . . Le français est une langue très précise. C'est pour cette raison que le français est la langue diplomatique.

CHRISTINE.—A cause des nuances?

CHARLES.—Oui, à cause des nuances. "Je suis froid" ne veut pas dire la même chose que "j'ai froid". En anglais, "I am cold" peut vouloir dire "J'ai froid" ou "Je suis froid". Il n'y a pas de différence.

CHRISTINE.—Et vive la différence!

CHARLES.—Oui, vive la différence.

CHRISTINE.—Je comprends ... mais ferme la fenêtre, Charles: j'ai froid.

Exercise

Complete the following sentences by inserting the correct verb.
1. J'_ai_ chaud.
2. C'est parce qu'il _a_ chaud.
3. Si vous avez froid, il _est_ fermer la fenêtre.
4. Le temps _est_ froid.
5. L'été, il _fait_ chaud.
6. Christine _a_ froid.
7. Elle _a_ les mains froides.
8. La salle de classe _est_ froide.
9. C'est parce que la fenêtre _est_ ouverte.
10. On dit que les Anglais _sont_ froids de tempérament.

Une leçon de français

aimer, to like, to love
assister, to attend
attendre, to wait
bleu (-e), blue
chéri, (-e), dear
chinois, (-e), Chinese
le chou, the cabbage; a term of
  endearment
la craie, the chalk
donner, to give
encre, the ink
il entend, he hears
il explique, he explains
inutile, useless
jeune, young
la langue, the language

lui, to him, to her
mon, my
le mot, the word
noir, (-e), black
nouveau, nouvelle, new
par, by
petit, (-e) little
la plume, the pen
la règle, the ruler or rule
se, himself, herself, oneself
signifie, means
trouver, to find
le tableau noir, the black-board
utile, useful
vert, (-e), green

faire une promenade, to take a
walk

Charles donne une leçon de français à Christine.

Il lui apprend le français par une méthode nouvelle; c'est SA méthode. Il ne lui apprend pas les mots inutiles qu'on trouve dans les livres de classe, comme la plume, l'encre, la règle, la craie et le tableau noir (qui n'est pas noir, mais généralement bleu ou vert). Quand on a une conversation avec une jeune fille, on ne parle pas de la craie et du tableau noir. On lui dit: "je vous aime".

Charles lui apprend des mots utiles, comme "chérie" et "chou", et des expressions comme "O.K". Il appelle Christine "Mon chou" ou "Mon petit chou".

Chouchou écoute la conversation et ne comprend pas pourquoi Charles appelle Christine "Mon Chou". C'est son nom à lui.

Christine proteste: elle lui dit que "O.K." est une expression américaine et que ce n'est pas un mot français.

Charles insiste. Il lui dit que c'est un mot français qu'on trouve dans les dictionnaires français et que c'est une expression qui existe dans toutes les langues, même le chinois et les langues africaines. En français, on dit "D'accord!" ou "O.K.".

—O.K.! Tu es O.K. Charles!

Chouchou entend le mot O.K. et va immédiatement vers la porte. Il est content. Pour lui le mot "O.K." signifie: "Maintenant on va sortir faire une promenade."

Charles dit au chien: "Attends! Chouchou."

Christine se demande pourquoi il dit "Attends!" au chien.

—*What is he to attend?* demande-t-elle.

Charles explique à Christine que le verbe "attendre" ne signifie pas la même chose qu'en anglais; cela ne veut pas dire "to attend", mais "to wait".

—Alors, dit Christine, que signifie le verbe "assister" en français?

—En français, "assister" signifie "être présent"; c'est à dire "to attend".

—Oh! là là! s'exclame Christine. Si les mots ne signifient pas la même chose dans les deux langues, c'est bien compliqué!

—Mais non! Beaucoup de mots sont les mêmes et signifient la même chose dans les deux langues. Ces deux mots sont des exceptions.

—Il y a toujours des exceptions!

Questions

1. Est-ce que "O.K." est une expression française?
2. Que signifie "attendre" en français?
3. De quelle couleur est le tableau noir dans la salle de classe?
4. Quelle est votre couleur favorite?
5. Est-ce que le mot "craie" est beaucoup employé dans les conversations?
6. Dans cette leçon, qu'est-ce que Charles apprend à Christine?
7. Quels sont les expressions et les mots français utiles à savoir?
8. Y a-t-il des exceptions à toutes les règles?

Une autre leçon

chaque, each
je connais, I know
connaître, to know
deviner, to guess
élargir, to enlarge

enseigner, to teach
la lumière, the light
pour, for, in order to
qui, who, that, which
sentir, to feel
ton, (m.) ta, (f.) tes (pl.) your

Sans blague! No kidding!

Charles explique à Christine, avec beaucoup de patience, que pour parler une langue, il n'est pas nécessaire d'apprendre chaque mot, mais de trouver le mot. Il faut deviner le mot.

—Par exemple: devine comment on appelle un éléphant en français?

—Un éléphant.

—D'accord! Bravo Christine! Pour parler une langue, il faut comprendre le mécanisme de la langue, et l'aimer . . . Pour cela, il faut connaître certaines règles; alors, on peut deviner le mot et élargir son vocabulaire.

Charles enseigne à Christine trois règles utiles à savoir:

■ 1. Les mots qui se terminent en **ant** ou en **ent** sont les mêmes dans les deux langues.
Exemples: l'éléphant, le restaurant, le président, le régent, le client, le présent, ignorant, important, urgent, élégant, etc.

—Sans blague! dit Christine. Est-ce une coïncidence?

—Mais non, voyons! c'est pour la simple raison que ce sont des mots français d'origine latine.

■ 2. Les noms des animaux sauvages sont les mêmes dans les deux langues.
Exemples: l'éléphant, le lion, le jaguar, la panthère, le tigre, l'alligator, l'antilope, la gazelle, l'hippopotame, la girafe, l'orang-outan, le kangourou . . . etc.

—Le kangourou est d'origine latine? demande Christine.

—Mais non, voyons! C'est un mot australien.

■ 3. Les mots qui se terminent en **"O"** sont aussi les mêmes dans les deux langues.

—Sans blague! s'exclame Christine.

Exemples: Allô! le piano, alto, le zéro, la radio, la dynamo, le studio, le fiasco, le folio, le domino.

—Comme tu est intelligent, Charles! Tu es une source de lumière. Avec ta méthode, je connais maintenant plus de cinq cents nouveaux mots. Merci, Charles, pour ta bonne leçon de français.

Questions

1. Pour parler français, est-ce nécessaire de connaître tous les mots de la langue?
2. Expliquez pourquoi beaucoup de mots sont les mêmes dans les deux langues.
3. Devinez le mot français pour:
   a) a crocodile
   b) a rhinoceros
   c) a leopard
   d) a cobra
   e) a serpent
   f) a chimpanzee
   g) a rat
4. Qu'est-ce que veut dire l'expression: "Sans blague!"

Révision

Il y a beaucoup de méthodes pour enseigner le français. Chaque professeur a sa méthode et est certain que c'est la bonne méthode.

À l'école américaine de Paris où va Christine, le professeur de français est français. Il ne permet pas aux élèves de dire un mot d'anglais en classe. Une mouche se pose sur son livre; cela lui donne un prétexte pour poser des questions: "Où est la mouche? Où est la mouche maintenant?" Elle se pose sur la table, sur sa tête, sur le mur; elle va ensuite au plafond et finalement elle s'envole par la fenêtre.

C'est une mouche polie: elle dit au revoir aux élèves.

Avec cette méthode, le professeur de Christine enseigne de nouveaux mots à ses élèves.

Charles a aussi sa méthode pour enseigner le français; c'est une nouvelle méthode de son invention: il dit que pour apprendre une langue, il faut comprendre le mécanisme de cette langue.

Il explique à Christine et à Chouchou sa méthode pour trouver le mot français qui correspond à un mot anglais. Par exemple: les mots qui finissent en **ant, ent, tion, able** ou en **o** sont les mêmes dans les deux langues. (Il y a des exceptions, mais pas beaucoup).

Les noms de sports (comme le football, la boxe et le toboggan), et les noms des animaux sauvages (comme le lion, l'hippopotame, le chimpanzé et l'orang-outan) sont les mêmes dans les deux langues.

Pour les mots qui finissent en **or** en anglais, il faut changer l'**or** en **eur** pour obtenir le mot français. (Exemple: créateur, supérieur, mineur, instructeur).

Christine trouve cela très intéressant.

Maintenant elle a un vocabulaire de six à sept cents mots. C'est formidable!

Et maintenant, Christine va donner une leçon d'anglais à Charles (Leçon treize). Ensuite Charles va expliquer la méthode pour obtenir le féminin des mots français (Leçon quatorze).

Les leçons treize et quatorze sont amusantes, et instructives aussi!

Review of vocabulary just learned:

Horizontal

1. To attend, to be present.
6. You.
7. At.
8. Not.
9. (I) find, or (he) finds.
12. Or.
13. To see.
14. Dress.
16. He.
18. By.
19. To be.
20. (You) are.

Vertical

1. To wait.
2. On.
3. To know.
4. In.
5. To repeat.
10. To open.
11. A continent.
15. Low.
17. The.

La leçon d'anglais

savoir, to know
Pres. **je sais, tu sais, il sait,
nous savons, vous savez, ils
savent**
Si! Yes indeed! I insist!
le soir, the evening
le son, the sound
suivant, following
les yeux, the eyes

ajouter, to add
le cheval, the horse
comment, how
facile, easy
moins, less
la nuit, the night
l'œil, the eye

Eh bien! Well!

Christine donne une leçon d'anglais à Charles:

CHRISTINE.—L'anglais est une langue facile. Ce n'est pas comme le français qui est une langue très, très difficile.

CHARLES.—Pas pour moi! L'anglais est une langue beaucoup plus difficile que le français, et moins logique.

CHRISTINE.—Tu dis que l'anglais n'est pas une langue logique! Oh! Si! C'est une langue simple et facile à apprendre. Par exemple: en anglais, pour le pluriel des mots, on ajoute un "*s*". C'est simple!

CHARLES.—Comme en français.

CHRISTINE.—Oui, mais en français, il y a beaucoup d'exceptions: le pluriel de *animal* est *animaux*, de *cheval, chevaux,* et de *général, généraux.*

CHARLES.—C'est logique. C'est une règle facile à apprendre: les mots en *al* ont leur pluriel en *aux.*

CHRISTINE.—En anglais, nous avons aussi des règles comme cela. Au pluriel, les mots en double *o,* comme *foot, goose,* changent le *double o* en *double e.* Le pluriel est *feet* et *geese.*

CHARLES.—Je comprends . . . Le pluriel de *book* est *beek;* et de *noodle, needle.*

CHRISTINE.—Non, non, non! Ces mots sont des exceptions à la règle.

CHARLES.—Il y a toujours des exceptions! C'est pour cette raison que l'anglais est une langue difficile.

CHRISTINE.—C'est moins difficile à apprendre que le français.

CHARLES.—Mais non, l'anglais est une langue impossible à prononcer. En français, il est facile de savoir comment prononcer les mots à cause des accents. Mais en anglais, on se sait jamais comment les prononcer.
Par exemple: la lettre *a* a beaucoup de sons différents. Exemple: *father, fall, fast, fate, fare, far, fan, fat . . .* C'est une langue stupide et pas logique.

CHRISTINE.—Et le français! Pourquoi est-ce que le pluriel de *œil* est *yeux?*

CHARLES.—Parce que . . . Parce que . . . Voyons! C'est évident. On dit: "Vous avez de beaux yeux". On ne peut pas dire: "Vous avez de beaux œils"!!!

CHRISTINE.—Pourquoi pas?

CHARLES.—Tu dis des choses stupides.

CHRISTINE.—Eh bien! Ne dis pas que le français est une langue facile, et logique!

CHARLES.—Si! C'est une langue logique.

CHRISTINE.—Non! C'est une langue trop compliquée pour moi. Bonsoir Charles!

CHARLES.—Bonne nuit. Christine.

Questions

1. Pourquoi est-ce qu'il y a des accents sur les lettres? Est-ce parce que les Français aiment les choses artistiques?
2. Est-ce que l'anglais est une langue facile à prononcer pour les Français?
3. Quel est le pluriel des mots suivants: caporal, fondamental, international, continental, œil?
4. Est-ce que l'anglais est une langue plus facile à apprendre que le français?
   (Si vous répondez "OUI" à la question 4, répondez à la question suivante:)
5. Le mot français pour "moose" est "élan". Donnez le pluriel du mot "élan" en français, et du mot "moose" en anglais.

—"Flirter" est un mot français. Cela vient du mot "fleur."

Le féminin des mots

autrement, otherwise
l'avocat, the lawyer
la bonne, the maid
le boulanger, the baker
la centaine, about a hundred
le chat, the cat
le coq, the rooster
la dame, the lady
la découverte, the discovery
embrasser, to embrace, to kiss
encore, again
évidemment, evidently
la femme de chambre,
   the chambermaid

la fleur, the flower
le genre, the gender
l'homme, the man
la joue, the cheek
le maître, the master
le plaisir, the pleasure
la poule, the hen
presque, almost
ressembler, to resemble
le soldat, the soldier
le travail, the work
trop, too much
je vais, I am going (verb aller)

Avoir raison, to be right
Bien sûr! Of course!

CHRISTINE.—Dis-moi, Charles, une sentinelle est un soldat, n'est-ce pas?
CHARLES.—Oui, bien sûr.
CHRISTINE.—Alors, c'est un homme!
CHARLES.—Oui, évidemment.
CHRISTINE.—Alors, pourquoi dit-on UNE sentinelle?
CHARLES.—C'est parce qu'en français, le genre grammatical ne coïncide pas avec le sexe.
CHRISTINE.—Pourquoi pas?
CHARLES.—Parce que pour les Français, tout a un sexe: même les mots.
CHRISTINE.—Ah! Je comprends . . . Et les animaux, de quel genre sont-ils?
CHARLES.—Ils sont du genre masculin, ou du genre féminin. C'est l'un ou l'autre.
CHRISTINE.—Ça, au moins, c'est une intéressante découverte! Mais ce n'est pas logique.
CHARLES.—Si, c'est logique. On dit: un boa, une vipère, un éléphant, une girafe, etc. C'est simple!
CHRISTINE.—Et si l'animal est de l'autre sexe, qu'est-ce qu'on dit?

CHARLES.—Un boa femelle, une vipère mâle, une girafe mâle, un éléphant femelle.

CHRISTINE.—Oh! Tu n'est pas respectueux. Moi, j'appelle un éléphant femelle une "dame éléphant". C'est plus élégant.

CHARLES.—Non, c'est un éléphant femelle.

CHRISTINE.—Alors, le féminin de chat est "un chat femelle", et de chien, "un chien femelle", n'est-ce pas?

CHARLES.—Mais non, voyons! Beaucoup de noms d'animaux ont un féminin. Exemple: un chat, une chatte; un chien, une chienne; un coq, une poule.

CHRISTINE.—Encore des exceptions! Il y a toujours des exceptions. Et pour les humains, y a-t-il une forme féminine pour les professions?

CHARLES.—Oui, bien sûr. Le féminin de musicien est musicienne; de boulanger, boulangère; et de président, présidente.

CHRISTINE.—Et de docteur, doctoresse; et d'avocat, avocate, n'est-ce pas?

CHARLES.—Oui, tu as raison. Tu commences à comprendre.

CHRISTINE.—Quand on parle à un avocat, est-ce qu'on lui dit: "Monsieur"?

CHARLES.—Non, on lui dit "Maître".

CHRISTINE.—Et quand on s'adresse à une avocate, on lui dit: "Maîtresse"?

CHARLES.—NON, on lui dit aussi "Maître".

CHRISTINE.—Et si un homme fait le travail d'une bonne, est-ce qu'on l'appelle: "Monsieur la bonne" ou "Monsieur la femme de chambre"?

CHARLES.—Mais non, voyons! C'est un valet de chambre.

CHRISTINE.—Oh! là là! Que c'est compliqué tout cela!

CHARLES.—C'est aussi simple et aussi facile à apprendre que les verbes.

CHRISTINE.—Comment! Tu trouves que les verbes sont faciles à apprendre!

CHARLES.—Oui, les verbes français sont faciles. Ils sont les mêmes dans les deux langues; ou du moins, ils se ressemblent.

CHRISTINE.—*Oh! Yes?*

CHARLES.—En français, on ne dit pas "Oh! Yes!" mais "Ah oui?". C'est presque la même expression, mais ce n'est pas la même chose.

CHRISTINE.—Bon! Mais maintenant dis-moi les verbes anglais qui ressemblent à des verbes français.

CHARLES.—Avec plaisir. Je vais te dire un secret ou deux pour t'apprendre une centaine de verbes français.

CHRISTINE.—Si tu fais cela, Charles, je vais t'embrasser sur les deux joues.

CHARLES.—Secret numéro 1: beaucoup de verbes anglais en *ate* sont des verbes français en *er*. Exemples: to facilitate—*faciliter,* to create—*créer;* to cultivate—*cultiver;* to imitate—*imiter;* to illustrate—*illustrer;* to donate—*donner;* to appreciate—*apprécier.*

Secret numéro 2: beaucoup de verbes anglais en *y,* ont leur infinitif qui finit en *ier* en français. Exemples: to simplify—*simplifier;* to copy—*copier;* to clarify—*clarifier;* to multiply—*multiplier;* to identify—*identifier.*

Secret numéro 3: si on ajoute *er* a beaucoup de verbes anglais, on obtient un verbe français. Exemples: to pay—*payer;* to touch—*toucher;* to refuse—*refuser;* to flirt—*flirter.*

CHRISTINE.—"Flirter" n'est pas un mot français. Je proteste. Charles: flirter est une occupation américaine.

CHARLES.—Non, c'est un mot français. C'est nous qui l'avons inventé . . . Cela vient du mot "fleur". De là, on a obtenu le verbe "fleureter", puis "flirter" qui se prononce comme si c'était écrit "fleur-ter."

CHRISTINE.—Comme tu es poétique!

Exercise

Write the feminine of:

1. Un homme.
2. Le coq.
3. Un crocodile.
4. Un chat.
5. Le boulanger.
6. Cruel.
7. Chéri.
8. Heureux.
9. Joli.
10. Bon

Les découvertes scientifiques

l'Allemagne, Germany
l'an, the year
arrêter, to stop
assez, enough
le bateau, the boat
chez, at, at the house of
le cœur, the heart
croire, to believe
je dois, I must
enregistrer, to record
l'essence, the gasoline
le hareng saur, the red herring
le jeudi, Thursday
la lune, the moon
le magnétophone, the tape-recorder

est né, was born
ni, nor
la patte, the paw
le poisson, the fish
il peut, he can
la poésie, the poem
quitter, to leave
le rendez-vous, the date
rester, to remain
rien, nothing
si, so
la Terre, the Earth
travailler, to work
la vapeur, the steam
vrai, true

Tu y tiens! you insist!
en train de, in the act of; engaged in
En voilà une idée! What a crazy idea!

C'est aujourd'hui jeudi.

Christine téléphone à Charles pour lui donner rendez-vous au Jardin des Tuileries. Charles lui répond qu'il regrette beaucoup, mais il ne peut pas y aller aujourd'hui.

—Pourquoi? demande-t-elle.

—Parce que je dois travailler.

—Travailler un jeudi! En voilà une idée! s'exclame Christine.

Charles lui propose de venir chez lui. Christine accepte.

Quand elle arrive chez Charles, elle le trouve en train de travailler.

Par accident, Chouchou met ses pattes sur le magnétophone de Charles et enregistre la conversation:

CHRISTINE.—Qu'est-ce que tu étudies. Charles?
CHARLES.—Une poésie.
CHRISTINE.—Une poésie! Quelle poésie?
CHARLES.—"Le hareng saur".
CHRISTINE.—Le hareng saur! Qu'est-ce que c'est que ça?

CHARLES.—C'est un poisson. C'est aussi le nom d'un poème de Charles Cros que je dois apprendre par cœur.

CHRISTINE.—Qui est Charles Cros?

CHARLES,—C'est un grand poète . . . et aussi un inventeur.

CHRISTINE.—Je connais "le grand Charles", mais je n'ai jamais. entendu parler de ce Charles-là. Qu'est-ce qu'il a inventé?

CHARLES.—Le phonographe.

CHRISTINE.—Mais non, Charles! C'est monsieur Edison qui a inventé le phonographe.

CHARLES.—Non, c'est Charles Cros, un Français, qui a inventé le phonographe. Tous les enfants français savent cela! On nous l'apprend à l'école.

CHRISTINE.—Mais non! Tu dis des stupidités. Thomas Edison a inventé le phonographe. Tous les Américains savent cela!

CHARLES.—Non, c'est Charles Cros. Il est un des inventeurs du phonographe et de la photographie en couleur. Si tu ne le crois pas, consulte *Le Petit Larousse.*

CHRISTINE.—Qui est ce petit Larousse? Est-ce un de tes amis? Je ne le connais pas.

CHARLES.—Mais non, voyons! *Le Petit Larousse* est le nom d'un dictionnaire encyclopédique que tout le monde consulte.

CHRISTINE.—Je ne comprends pas pourquoi tu es si ignorant . . . si stupide . . . si impertinent . . . si intolérant . . . et si anti-américain!

CHARLES.—Je proteste! Je ne suis pas anti-américain! Ce n'est pas moi, mais un autre Français, Charles Cros, qui a inventé le phonographe!

CHRISTINE.—Ce n'est pas vrai. C'est Thomas Edison.

CHARLES.—Edison a fait le premier phonographe; mais l'invention est de Charles Cros.

CHRISTINE.—Tu y tiens!

CHARLES.—Oui, Christine. Je t'assure que j'ai raison. Presque toutes les découvertes scientifiques sont des inventions françaises.

CHRISTINE.—Ah non! Jamais de la vie!

CHARLES.—Sais-tu qui a inventé la première machine à calculer?

CHRISTINE.—Oui, c'est I.B.M.

CHARLES.—Non, c'est Pascal, à l'âge de dix-neuf ans. Et sais-tu qui à découvert la force de la vapeur et qui a inventé le bateau à vapeur?

CHRISTINE.—Oui, Fulton.

CHARLES.—Non, c'est Denis Papin, un Français.

CHRISTINE, *furieuse.*—Ah non! C'est Robert Fulton. Tous les Américains savent cela!

CHARLES.—Non, je t'assure que j'ai raison. Denis Papin a expérimenté le premier bateau à vapeur en dix-sept cent sept (1707), en Allemagne où il est allé après la révocation de l'Edit de Nantes. Fulton est né en dix-sept cent soixante-cinq (1765) et ce n'est qu'en dix-huit cent trois (1803) qu'il a essayé, à Paris sur la Seine, le premier bateau à vapeur.

CHRISTINE.—Tu dis des stupidités, Charles.
CHARLES.—Et sais-tu qui a inventé la photographie?
CHRISTINE.—Oui, Eastman. C'est Eastman Kodak! Je sais cela.
CHARLES.—Non, ce sont deux français: Niepce et Daguerre.
CHRISTINE, *exaspérée.*—Et qui sont les premiers hommes qui ont été à La Lune? Tu ne vas pas me dire que Neil Armstrong et Michael Collins sont français eux aussi!
CHARLES.—Non, je n'ai pas dit cela. Tout le monde sait qu'ils sont américains. Mais sais-tu qui sont les premiers hommes qui ont quitté la Terre et sont montés en ballon?
CHRISTINE.—Non, et cela ne m'intéresse pas.
CHARLES.—Ce sont encore des Français: les frères Montgolfier.
CHRISTINE.—Ah!
CHARLES.—C'est aussi un Français, Fernand Forest, qui a inventé le moteur à explosion, c'est-à-dire le moteur à essence et les automobiles.
CHRISTINE.—Alors la pollution est une invention française! Cela ne m'étonne pas . . .
CHARLES.—Et ce n'est pas tout!
CHRISTINE.—Arrête! Charles, j'en ai assez. Si tu insistes et dis que ce n'est pas Edison qui a inventé le phonographe, ni Fulton qui a inventé le bateau à vapeur, je ne vois pas comment nous pouvons rester amis.
CHARLES.—Mais voyons! Christine! Ne me blâme pas! Moi, je n'ai rien inventé. Tout cela n'est pas une raison pour nous disputer.
CHRISTINE.—Si, c'est une raison fondamentale. Si tu insistes et dis que ce sont des Français qui ont tout inventé, je te quitte.
CHARLES.—Christine, calme-toi! Je t'assure que j'ai raison. Tu peux vérifier tout ce que je t'ai dit dans le dictionnaire Larousse.
CHRISTINE.—Tu insistes!
CHARLES.—Oui, je maintiens tout ce que j'ai dit.
CHRISTINE.—Alors, adieu Charles!

Questions

1. En France, est-ce que les étudiants vont à l'école le jeudi?
2. Travaillent-ils le samedi?
3. Est-ce Denis Papin ou Robert Fulton qui a inventé la machine à vapeur?
4. Qui est Charles Cros?
5. Qui sont les premiers hommes à avoir quitté la Terre?

6. Qui a inventé la machine à calculer?
7. Comment appelle-t-on un "tape-recorder" en français?
8. Qui a inventé la photographie?
9. Est-ce un Français qui a inventé le moteur à essence?
10. Dans cette discussion sur les découvertes scientifiques, qui a raison: Charles, Christine, ou tous les deux?

La poésie

ailleurs, elsewhere
se balancer, to swing
blanc, white
le bout, the end, tip
le clou, the nail
contre, against
depuis, since
l'échelle, the ladder
emporter, to take away
Il était, there used to be
la fureur, the fury
les gens, people
grave, serious
grand, tall, great
gros, big
haut, high
imperméable, raincoat
laisser, to let; to leave

lentement, slowly
loin, far
lourd, heavy
le marteau, the hammer
mettre, to put
monter, to go up
nu, bare
le peloton de ficelle, the ball
    of string
planter, to drive in
pointu, pointed
puis, then
sale, dirty
tenir, to hold
tomber, to fall
le vendredi, Friday

Mettre en fureur, to enrage
S'en aller, to go away
Tout en haut, all the way up

Le Hareng Saur

Il était un grand mur blanc—nu, nu, nu,
Contre le mur une échelle—haute, haute, haute,
Et, par terre, un hareng saur—sec, sec, sec,
Il vient, tenant dans ses mains—sales, sales, sales,
Un marteau lourd, un grand clou—pointu, pointu, pointu,
Un peloton de ficelle—gros, gros, gros,
Alors il monte à l'échelle—haute, haute, haute,
Et plante le clou pointu—toc, toc, toc,
Tout en haut du grand mur blanc—nu, nu, nu,

Il laisse aller le marteau— qui tombe, qui tombe, qui tombe,
Attache au clou la ficelle—longue, longue, longue,
Et, au bout le hareng saur—sec, sec, sec,
Il redescend de l'échelle—haute, haute, haute,
L'emporte avec le marteau—lourd, lourd, lourd,
Et puis, il s'en va ailleurs—loin, loin, loin,
Et depuis le hareng saur—sec, sec, sec,
Au bout de cette ficelle—longue, longue, longue,
Très lentement se balance—toujours, toujours, toujours,
J'ai composé cette histoire—simple, simple, simple,
Pour mettre en fureur les gens—graves, graves, graves,
Et amuser les enfants—petits, petits.

Charles apprend par cœur ce poème de Charles Cros. Charles pense à Christine; pourquoi se mettre en fureur pour rien? Après tout, c'est sans importance de savoir qui a inventé le phonographe et le premier bateau à vapeur! Ce qui est important, c'est que Christine et lui restent bons amis.

Vendredi soir, Charles décide de téléphoner à Christine pour lui faire des excuses. Il va lui dire qu'il regrette de l'avoir offensée.

Il téléphone chez Christine; la bonne lui dit: "Mademoiselle n'est pas là; elle est sortie".

Charles devine où elle est allée: au Conservatoire; elle y va tous les vendredis soirs pour sa leçon de piano.

Charles met son imperméable et va au Conservatoire.

Exercises

Give the appropriate adjective to complete the
following sentences:

1. Un livre de huit cents pages est un____livre.
2. L'*Empire State Building* est plus____que la Tour Eiffel.
3. Le bout d'un crayon est____.
4. La Lune est moins____de la Terre que la planète Mars.
5. Le climat du Sahara est très____.
6. Un petit marteau est moins____qu'un gros marteau.
7. Les gens prétentieux ont toujours un air____.
8. Cet exercice est____.
9. Cette feuille de papier est____.
10. La ficelle est____.

Le coup de téléphone

arriver, to arrive; to happen	**le lait,** the milk
boire, to drink	**oublier,** to forget
la chanson, the song	**la peine,** the grief, sorrow
chanter, to sing	**quelque,** some; few
décevoir, to deceive	**remettre,** to deliver
il a découvert, he discovered	**réussir,** to succeed
	surtout, above all
	venir, to come

Charles est allé voir Christine au Conservatoire. Il lui a parlé, mais il n'y a pas eu de réconciliation.

Depuis ce jour, Charles téléphone à Christine tous les jours, mais elle refuse de lui parler. La bonne dit toujours: "Mademoiselle n'est pas là."

Charles a une idée: il pense à son ami Bill.

Bill va à la même école que Christine et est aussi un ami de Christine. Charles lui donne un petit message pour Christine.

Maintenant Charles attend que Christine lui téléphone. Il a découvert une chose certaine: il aime Christine.

Il prend sa guitare et va chanter.

Inspiré par la poésie de Charles Cros, il réussit à composer cette chanson:

Si tu vois Christine
Dis-lui que j'attends
Qu'elle me téléphone
Dans quelques instants.

Si tu vois Christine
Remets-lui pour moi
Ce petit message.
Surtout n'oublie pas!

Au Conservatoire
Je lui ai parlé
L'invitant à boire
Un café au lait.

Mais j'ai vu sa mère
Venir la chercher;
Pour me dècevoir
Elle s'en est allée.

Si tu vois Christine
Dis-lui que j'attends
Qu'elle me téléphone
Dans quelques instants.

Je ne peux pas croire
Qu'elle veut vraiment
Finir notre histoire
Juste à ce moment.

Au Conservatoire
Elle va revenir
Et ma peine noire
Va enfin finir.

Si tu vois Christine
Dis-lui que j'attends
Qu'elle me téléphone
Dans quelques instants.

Remets -lui pour moi
Ce petit message.
Surtout n'oublie pas!
Surtout n'oublie pas!

Questions

1. Quand Charles est allé voir Christine au Conservatoire, est-ce qu'il lui a parlé?
2. Quand Charles téléphone à Christine, est-ce qu'elle lui parle?
3. Qu'est-ce que dit la bonne?
4. Qu'est-ce que Charles a demandé à Bill de faire pour lui?
5. Qui est venu chercher Christine au Conservatoire?
6. Qu'est-ce que Charles attend?

Révision

Dans les cinq derniers chapitres, on vous a parlé de la difficulté de la langue française et des découvertes scientifiques.

Charles et Christine ont eu une discussion à ce sujet et maintenant Christine est furieuse; elle ne veut pas admettre que c'est un Français, Denis Papin, qui a inventé le premier bateau à vapeur; elle dit que c'est un Américain, Robert Fulton, qui a inventé le premier bateau à vapeur! Mais les Français disent que c'est Denis Papin. Qui a raison?

La France a eu beaucoup d'hommes de science. Par exemple:

René Descartes est un mathématicien et un philosophe français. Il a inventé la géométrie analytique et découvert les principes d'optique qu'on utilise pour faire des télescopes. Ses méditations sont les bases de la métaphysique moderne.

Blaise Páscal est aussi un homme de science remarquable. À dix-neuf ans, il invente une machine à calculer. À vingt-trois ans, il fait des recherches sur la pression atmosphérique et l'équilibre des liquides; l'invention du baromètre résulte de ses découvertes.

Le marquis de Laplace étudie le mouvement des planètes et des étoiles qu'il explique dans son livre: "Mécaniques célestes."

André Ampère découvre le principe de la télégraphie et la loi fondamentale de l'électrodynamique. On a donné son nom à l'unité utilisée pour mesurer la force d'un courant électrique.

Augustin Fresnel découvre la théorie ondulatoire[1] de la lumière.

Jean Champollion réussit le premier à lire les hiéroglyphes de l'ancienne Égypte.

René Laennec a inventé le stéthoscope et a découvert la méthode moderne d'auscultation.

En zoologie, *Jean de Lamarck* a fait des recherches sur les animaux sans vertèbres. Il a parlé de "transformisme"; sa théorie a précédé de cinquante ans la théorie de Darwin sur l'évolution.

Le chimiste *Nicéphore Niepce* a inventé la photographie. *Jacques Daguerre* a perfectionné cette invention.

Zénobe Gramme a inventé la première dynamo industrielle, base de la production de la lumière électrique.

---

[1]**ondulatoire,** undulatory, travelling by waves, wavelike.

Les frères *Louis* et *Auguste Lumière* ont inventé la cinématographie.

Le Français *Édouard Branly* et l'Italien *Marconi* ont découvert la T.S.F. (télégraphie sans fil, ou radio).

Henri Becquerel a découvert les propriétés radioactives de l'uranium.

Marie Curie, en collaboration avec Pierre Curie, a découvert une nouvelle substance radioactive qu'elle a nommé polonium (elle est originaire de Pologne). Ensuite, en collaboration avec *Debierne,* elle a réussi à isoler le radium. Madame Curie a reçu le prix Nobel deux fois. Elle est la première femme à avoir été professeur à la Sorbonne.

Jean Perrin a prouvé l'existence de l'électron, particule ayant une masse et une charge électrique.

Le mathématicien *Henri Poincaré,* cousin du président de la République Raymond Poincaré, a fait d'importantes recherches sur les équations différentielles.

Le prince Louis de Broglie (Prix Nobel) est un des fondateurs de la mécanique moderne; par ses études sur la lumière, il a découvert la base de la mécanique ondulatoire. L'invention du microscope est le résultat de ses découvertes.

Alfred Kastler a reçu le Prix Nobel en mille neuf cent soixante-six pour ses recherches; la découverte des rayons Laser résulte de ces recherches.

Et beaucoup d'autres encore!

Les Français n'ont pas tout inventé, mais ils ont inventé beaucoup de choses. N'est-ce pas?

René Descartes	1596-1650	Jacques Daguerre	1787-1851
Blaise Pascal	1623-1662	Zénobe Gramme	1826-1901
de Laplace	1749-1827	Louis Lumière	1864-1948
André Ampère	1775-1836	Édouard Branly	1844-1940
Augustin Fresnel	1788-1827	Henri Becquerel	1852-1908
Jean Champollion	1790-1832	Marie Curie	1867-1934
René Laennec	1781-1826	Jean Perrin	1870-1942
Jean de Lamarck	1744-1829	Henri Poincaré	1854-1912
Nicéphore Niepce	1765-1833	Prince Louis de Broglie	1892-

Mots Croisés

This crossword puzzle contains the words learned in the last lessons.

Horizontally
1. Language.
6. To drink.
8. Bare.
9. To open.
11. Regent.
13. Heads.
14. Friday.
16. Have (2nd pers. sing., familiar form)

Vertically
1. Book.
2. Stop.
3. Snow.
4. One.
5. Past Participle of **avoir.**
6. Good.
7. Where.
10. To remain.
12. To hold.
13. Very.
14. (He) goes.
15. Of the.

La réconciliation

l'après-midi, the afternoon
avant, before
le bain, the bath
le cheveu, the hair
le coiffeur, the barber, hairdresser
le costume, the suit
couper, to cut
la fée, the fairy
gentiment, kindly, sweetly
l'heure, the hour

se passer, to happen
un peu, a little
pourtant, yet, nevertheless
ne . . . plus, no more
prêt, ready
en retard, late
le taileur, the tailor
toutefois, however
vieux, old

se faire couper les cheveux, to get a hair-cut
se faire onduler, to have one's hair waved
n'importe quoi, anything

Christine a finalement téléphoné à Charles. Il lui a fait des excuses. Elle a accepté de revoir Charles à quatre conditions:
1. Il ne va plus lui dire qu'elle est stupide.
2. Il admet que les Français n'ont pas tout inventé.
3. Il ne va plus parler des inventeurs français.
4. Il va lui donner une autre leçon de français.
Comme Charles aime beaucoup Christine et désire la revoir, il accepte ses quatre points. Il est prêt à promettre n'importe quoi.
Dans ces conditions, une réconciliation est possible.
Christine donne rendez-vous à Charles jeudi après-midi à quatre heures au Jardin du Luxembourg.
Tout va bien.
Avant d'aller au rendez-vous, Charles va chez le coiffeur pour se faire couper les cheveux. Christine va aussi chez son coiffeur, pour se faire onduler les cheveux; et elle donne un bain à Chouchou. Christine met sa plus belle robe, et Charles son costume neuf.
Il est beau et très aimable aujourd'hui, comme si une fée l'a maintenant changé en prince charmant.

Charles arrive au Jardin du Luxembourg bien avant l'heure du rendez-vous, et Christine arrive une heure en retard.

Charles n'aime pas attendre, mais quand il voit Christine arriver, il est tellement content de la voir qu'il ne dit rien.

Il la trouve belle et elle le trouve beau.

Ils s'embrassent.

Christine s'excuse d'être un peu en retard. Il lui dit que c'est sans importance.

Ils ne mentionnent pas leur dispute de l'autre jour. Il ne va plus lui parler des inventeurs français. Ils vont parler d'autre chose.

—Tu as une bien jolie robe, lui dit-il.

—Et toi, tu as un costume neuf, je vois!

—As-tu fait de nouvelles découvertes sur la langue française? demande-t-elle gentiment.

—Oui, dit Charles; j'ai trois nouvelles règles à t'apprendre.

—Trois seulement! Ce n'est pas beaucoup!

■ 1 Beaucoup de mots anglais qui se terminent en **ce** sont les mêmes dans les deux langues.
> Exemples: La France, la force, la différence, la police, l'ambulance, l'élégance, la grâce, l'absence, etc.

■ 2 Beaucoup de mots anglais en **ure** sont les mêmes dans les deux langues.
> Exemples: la nature, la signature, la température, la caricature, la manucure, l'architecture, l'agriculture, etc.

■ 3 Beaucoup de mots en **al** sont les mêmes dans les deux langues.
> Exemples: l'animal, le général, le cardinal, le canal, l'amiral, royal, international, etc.

—Ce sont des règles utiles. Merci, mon "pal". Je vais les apprendre.

—Mon quoi?

—Mon "pal", répète Christine. Le mot "pal" n'est pas un mot français? C'est pourtant un mot en **al**.

—Non. Le mot "pal" est une exception. La plupart des mots d'une syllabe sont des exceptions.

—C'est dommage! dit Christine. Il n'y a pas d'expression en français qui correspond à "my pal!"

—Si: "mon vieux".

—Bien! mon vieux!

Questions

1. A quelle condition est-ce que Christine accepte de voir Charles? Quels sont ses quatre points?
2. Pourquoi est-ce que Charles accepte ses conditions?
3. Où est-ce que Christine donne rendez-vous à Charles?
4. À quelle heure ont-ils rendez-vous?
5. Est-ce que Charles arrive à l'heure au rendez-vous?
6. Qu'est-ce que Christine fait avant d'aller au rendez-vous?
7. Quelle est la première chose que Charles et Christine font, en se voyant?
8. Quelle est la première chose que Charles dit à Christine?
9. Quelles sont les trois nouvelles découvertes de Charles?
10. Y a-t-il beaucoup d'exceptions aux règles que Charles enseigne à Christine!

20

Chez le pharmacien

acheter, to buy
coûter, to cost
le dimanche, Sunday
emmener, to take along
l'entrée, entrance
la glace, the ice cream
gratuit, free of charge
ici, here
le lundi, Monday
le magasin, the store

le mardi, Tuesday
le médicament, the medicine
mordre, to bite
le musée, the museum
l'ordonnance, the prescription
le pas, the step
la pâtisserie, the pastry shop
près, near
la pilule, the pill
le rhume, the cold
sauf, except

avoir le droit, to have a right to; to be authorized

Comme c'est dimanche aujourd'hui, Charles et Christine décident d'aller visiter le musée du Louvre.

CHRISTINE.—Allons au Louvre.
CHARLES.—Au magasin du Louvre, ou au musée du Louvre?
CHRISTINE.—Au musée, bien sûr!
CHARLES.—Bon! Si tu veux.
CHRISTINE.—Est-ce que le musée est ouvert aujourd'hui?
CHARLES.—Oui, les musées sont ouverts tous les jours, sauf le mardi.
CHRISTINE.—Combien coûte l'entrée?
CHARLES.—Un franc par personne; mais c'est gratuit le dimanche.
CHRISTINE.—Aux États-Unis, les musées sont gratuits.
CHARLES.—Oui, mais nous ne sommes pas aux États-Unis. Nous sommes en France.
CHRISTINE.—Comment allons-nous au Louvre?
CHARLES.—Prenons le métro.
CHRISTINE.—Y a-t-il une station de métro près d'ici?
CHARLES.—Oui, il y en a une à deux pas d'ici.
CHRISTINE.—Nous emmenons Chouchou avec nous?
CHARLES.—Non. Les chiens n'ont pas le droit de monter dans le métro.
(Ils sortent. Ils passent devant une pharmacie)
CHRISTINE.—Oh! Il faut que je m'arrête ici, chez le pharmacien; j'ai des médicaments à acheter.
CHARLES.—Bien! Entrons. *(Ils entrent).*

CHRISTINE.—Bonjour monsieur. Je voudrais quelque chose pour mon rhume.

LE PHARMACIEN.—Voici des pilules ... Je vous les recommande; prenez-en une toutes les deux heures.

CHRISTINE.—J'ai aussi une ordonnance ... Est-ce que ça va être long à préparer?

LE PHARMACIEN.—Non, mademoiselle! Une petite heure seulement.

CHRISTINE.—Est-ce long une "petite" heure?

LE PHARMACIEN *(lisant l'ordonnance).*—On vous a mordu l'oreille, Mademoiselle?

CHRISTINE.—Non. Pourquoi?

LE PHARMACIEN.—Parce-que ce médicament est pour cela.

CHRISTINE.—Oh! Ce n'est pas pour moi; c'est pour Chouchou.

LE PHARMACIEN.—Qui est Chouchou?

CHRISTINE.—C'est mon chien.

LE PHARMACIEN.—Ah! je comprends.

CHRISTINE.—Vous avez de la glace?

LE PHARMACIEN.—De la quoi?

CHRISTINE.—De la glace au chocolat.

LE PHARMACIEN.—De la glace au chocolat!

CHRISTINE.—Ah! Pardon ... j'oubliais. Nous ne sommes pas en Amérique ici.

LE PHARMACIEN.—Allez à la pâtisserie à côté. Ils ont de très bonnes glaces.

(Ils sortent. Ils arrivent à la station de métro).

Questions

1. Quels sont les jours où les musées sont fermés en France?
2. Combien coûte l'entrée au musée du Louvre?
3. Comment est-ce que Christine et Charles vont au Louvre?
4. Pourquoi n'emmènent-ils pas Chouchou avec eux?
5. Pourquoi est-ce que Christine s'arrête chez le pharmacien?
6. Qui a un rhume?
7. Qui a l'oreille mordue?
8. Quel jour est-ce aujourd'hui?
9. Sommes-nous en France ou aux États-Unis?
10. Où achète-t-on de la glace au chocolat en France?

21

Le Métro

aussitôt, at once	**manquer,** to miss
le billet, the ticket	**ouvrir,** to open
bousculer, to push around	**s'ouvre,** opens itself
se dépêcher, to hurry	**le pantalon,** the trousers
derrière, behind	**pincer,** to pinch
dès que, as soon as	**le portillon,** the small gate
entendre, to hear	**prochain,** next
l'escalier, the staircase	**le quai,** the platform
se ferme, closes itself	**serré,** tight
la gare, the station	**si,** so, or if
la gauche, the left	**soi-même,** oneself
le guichet, the ticket-window	**le tapis roulant,** the type of
là-bas, over there	escalator

Tant mieux! So much the better!

CHARLES, *au guichet*—Deux billets de première classe.

CHRISTINE.—Tu montes toujours en première classe?

CHARLES.—Oui, parce qu'il y a moins de monde. On y est moins bousculé qu'en deuxième classe.

CHRISTINE.—Est-ce que c'est direct pour le Louvre?

CHARLES.—Non, il faut changer au "Châtelet".

CHRISTINE.—Et faire un kilomètre à pied pour changer de train, je pense!

CHARLES.—Non, à la station de métro "Châtelet", il y a un tapis roulant.

CHRISTINE.—Ah! Tant mieux! Et maintenant, où faut-il aller?

CHARLES.—Là-bas, à gauche; direction "Porte de la Villette".

CHRISTINE.—C'est cet escalier-là qu'il faut prendre?

CHARLES.—Oui, pour descendre au quai.

(Ils arrivent au bas de l'escalier)

CHARLES.—Dépêchons-nous, j'entends le train qui arrive.

(Le portillon automatique se ferme)

CHRISTINE.—Pourquoi est-ce qu'on ferme la porte juste au moment où le train arrive en gare?

CHARLES.—C'est pour nous faire manquer le train et nous forcer de prendre le prochain train.

CHRISTINE.—Aux États-Unis les portes ne se ferment pas automatiquement dès qu'on arrive. C'est le contraire: les portes s'ouvrent dès qu'on va passer.

CHARLES.—Oui, mais nous ne sommes pas aux Etats-Unis; nous sommes en France.

(Un autre train entre dans la station)

CHARLES.—Dépêche-toi de monter avant que la porte se ferme.

(Ils montent dans le compartiment de première classe.
Aussitôt la porte se referme derrière eux)

CHRISTINE.—Maintenant je comprends pourquoi les Français portent des pantalons si serrés . . .

CHARLES.—Pourquoi?

CHRISTINE.—Parce que, si ils étaient plus larges, ils se feraient pincer par derrière par les portes du métro.

(Ils arrivent finalement à la station de métro Châtelet.)

CHARLES.—C'est ici. Descends! Qu'est-ce que tu attends?

CHRISTINE.—J'attends que la porte s'ouvre.

CHARLES.—Elle ne s'ouvre pas! Il faut l'ouvrir soi-même.

CHRISTINE.—En Amérique, les portes du métro s'ouvrent toutes seules, dès que le train s'arrête.

CHARLES.—Oui, mais ici nous ne sommes pas en Amérique. Nous sommes à Paris.

Questions

1. Pourquoi est-ce que Charles monte toujours en première classe?
2. Est-ce que les portes du métro s'ouvrent quand le train s'arrête?
3. Est-ce qu'elles se ferment automatiquement quand le train part?
4. Pourquoi est-ce que, sur les quais, les portillons se ferment automatiquement dès que le train entre en gare?
5. Y a-t-il un tapis roulant à la station du Châtelet?
6. Qu'est-ce que Charles répète continuellement à Christine?
7. Quelle différence y a-t-il entre le métro de Paris et le métro de New-York?
8. Expliquez pourquoi Christine dit: "Maintenant je comprends pourquoi les Français portent des pantalons si serrés"?
9. Où faut-il changer de train pour aller au Louvre?
10. Qu'est-ce qu'on achète à un guichet?

22

Au musée du Louvre

ainsi, thus
le bras, the arm
casser, to break
demi, demie, half
devant, in front of
dormir, to sleep
ériger, to erect
une fois, once
grec, grecque, Greek
l'île, the island
la mer, the sea
le monde, the world, people

oublier, to forget
le parapluie, the umbrella
il pleut, it's raining
le règlement, the regulation
savant, person well informed; scholar
le tableau, the picture
le tour de poitrine, the chest measurement
le vestiaire, the check-room
voler, to steal
s'il vous plaît, if you please

CHARLES, *au guichet.*—Deux billets, s'il vous plaît.

L'EMPLOYÉ.—Voilà, monsieur. Voulez-vous un guide?

CHARLES.—Non merci.

(Un gardien arrive et dit à Christine:)

LE GARDIEN.—Votre parapluie, mademoiselle!

CHRISTINE.—Il pleut? Vous voulez mon parapluie?

LE GARDIEN.—C'est le règlement, mademoiselle. Il faut laisser les parapluies au vestiaire.

(Elle abandonne son parapluie.)

CHARLES.—Prenons cet escalier à gauche.

(Ils montent l'escalier.)

CHRISTINE.—Oh, regarde cette statue! C'est magnifique!

CHARLES.—Je pense bien, c'est la Victoire de Samothrace.

CHRISTINE.—La victoire de Sam O . . . quoi?

CHARLES.—De Samothrace. On l'appelle ainsi parce qu'elle vient de Samothrace.

CHRISTINE.—Où est Samothrace?

CHARLES.—C'est une île grecque en mer Égée.

CHRISTINE.—Est-ce que Samothrace est le nom d'une bataille? Ce doit encore être une victoire de Napoléon 1er . . .

CHARLES.—Mais non! C'est une victoire navale de Démétrios 1er Poliorcète en l'an trois cent cinq avant Jésus Christ.

CHRISTINE.—Comme tu es savant! Comment sais-tu tout cela?

CHARLES.—C'est écrit au bas de la statue.

CHRISTINE.—Ah oui! En effet.

CHARLES.—Allons voir la Vénus de Milo.

CHRISTINE, *devant la Vénus de Milo.*—Comme elle est belle!

CHARLES.—Elle a été à Tokyo, il y a quelques années pour les Jeux Olympiques.

La Victoire de Samothrace

La Vénus de Milo

La Joconde

CHRISTINE.—Est-ce que c'est là qu'elle s'est cassé les bras . . .?

CHARLES.—Mais non! On l'a trouvée comme cela. Ses proportions sont classiques. On la considère comme modèle de la femme parfaite.

CHRISTINE.—Quel est son tour de poitrine!

CHARLES.—Je ne sais pas.

CHRISTINE.—Tu ne sais pas!

CHARLES.—Non. Allons voir les tableaux!

CHRISTINE.—Où sont-ils?

CHARLES.—C'est en haut, au premier étage.

(Dans les galeries de tableaux)

CHRISTINE.—Pourquoi y a-t-il tant de monde dans cette salle?

CHARLES.—C'est pour voir la Joconde.

CHRISTINE.—La Joconde! Qui est-ce?

CHARLES.—Comment! Tu ne connais pas la Joconde!

(Christine voit la Mona Lisa.)

CHRISTINE.—Ah! Tu veux dire la Mona Lisa! Je la connais; je l'ai vue à New-York. Mais pourquoi l'appelles-tu la Joconde?

CHARLES.—C'est ainsi qu'on l'appelle en France. C'est le portrait de Mona Lisa, femme du Florentin Francesco del Giocondo.

CHRISTINE.—Elle a eu beaucoup de succès à New-York. Plus d'un million de personnes sont venus la voir.

CHARLES.—Elle a été volée une fois; mais on l'a retrouvée. C'est pour cela qu'elle est si bien gardée maintenant.

CHRISTINE, *regardant un gardien qui dort sur une chaise.*—Oui, en effet . . .

CHARLES, *regardant sa montre.*—Il est 4 heures et demie. Rentrons!

CHRISTINE.—Oui, rentrons. Je commence à être fatiguée.

(Une fois rentrés, Christine découvre qu'elle a oublié son parapluie au vestiaire.)

Questions

1. Pourquoi est-ce que les Français appellent la Mona Lisa "la Joconde"?
2. Qui est l'artiste qui a peint La Joconde?
3. Où a-t-on trouvé la Vénus de Milo!
4. Est-ce que la victoire de Samothrace est une victoire française?
5. En quelle année a-t-on découvert la Victoire de Samothrace?
6. De quel pays vient-elle?
7. Qu'est-ce que Christine a oublié au vestiaire?
8. Pourquoi faut-il laisser les parapluies au vestiaire?
9. Pleut-il aujourd'hui?
10. Est-ce que beaucoup d'Américains ont vu la Joconde?

23

Au bureau de poste

s'amuser, to amuse oneself, to have fun
l'avion, the plane
le baiser, the kiss
la barbe, the beard
la belle-mère, the mother-in-law
cacher, to hide
cher, dear, expensive
le colis postal, parcel post
déjà, already
le déjeuner, the lunch
déranger, to disturb
dernier, last
dessus, on, upon

l'écriteau, the sign
envoyer, to send
le fonctionnaire, the civil servant
lire, to read
le mandat-poste, the money order
midi, noon
s'occuper, to look after
peser, to weigh
recommandé, registered
remplir, to fill
le renseignement, the information
le tarif, the rate
le timbre, the postage stamp
vendre, to sell

Il fallait le dire! You should have said so!

Madame Franklin, la mère de Christine, va au bureau de poste pour envoyer une lettre recommandée à sa belle-mère, et une lettre et une carte postale par avion, à New-York.

Christine l'accompagne.

Pour s'amuser, elle emporte avec elle son petit magnétophone et enregistre cette scène au bureau de poste . . . (Elle a enregistré tout ce qu'a dit sa mère et tout ce qu'ont dit les employés du bureau de poste).

AU GUICHET No. 1

Mme FRANKLIN.—Est-ce que vous avez des timbres?

L'EMPLOYÉ.—Non, Madame.

Mme FRANKLIN.—Comment! Vous n'avez pas de timbres! C'est scandaleux! Un bureau de poste qui n'a pas de timbres, on n'a jamais vu cela!

L'EMPLOYÉ.—Le bureau de poste a des timbres, Madame. Mais moi je n'en ai pas. Je m'occupe des colis postaux.

Mme FRANKLIN.—Alors, où faut-il aller pour acheter des timbres?

L'EMPLOYÉ.—Au guichet Numéro 5.

Mme FRANKLIN.—Merci Monsieur.

(Mme Franklin va au guichet No. 5. Il est fermé. Elle retourne voir le monsieur au guichet No. 1).

Mme FRANKLIN.—Le guichet No. 5 où vous m'avez dit d'aller est fermé.

L'EMPLOYÉ.—Eh bien! Allez au guichet d'à côté!

AU GUICHET No. 6

(Mme Franklin va au guichet No. 6. L'employée à ce guichet est en train de se manucurer les ongles).

Mme FRANKLIN.—Mademoiselle . . . Excusez-moi de vous déranger, mais je désire des timbres. Est-ce que vous en avez?

L'EMPLOYÉE–Non Madame. Ici, c'est pour les mandats-poste. Pour acheter des timbres, il faut aller au guichet No. 4.

Mme FRANKLIN.—Merci, Mademoiselle.

AU GUICHET No. 4

(Mme Franklin va au guichet No. 4. Le fonctionnaire à ce guichet est en train de lire son journal).

Mme FRANKLIN.—Mademoiselle! Pardon, Mademoiselle . . .

(Le fonctionnaire derrière le journal ne répond pas. La dame crie plus fort:)

Mme FRANKLIN.—Mademoiselle! Eh! Mademoiselle! Excusez-moi de vous déranger, mais je veux acheter des timbres!

(Le fonctionnaire pose son journal! C'est un monsieur à barbe).

L'EMPLOYÉ.—C'èst à moi que vous parlez?

Mme FRANKLIN *(embarrassée).*—Oh! Excusez-moi, Monsieur! Caché derrière votre journal, je ne vous voyais pas.

(Elle lui donne ses lettres). Je désire envoyer cette lettre et cette carte postale aux États-Unis, et cette lettre recommandée à Marseille.

L'EMPLOYÉ.—Ah! Madame! Pour les lettres recommandées, ce n'est pas ici! Il faut aller au guichet No. 2.

Mme FRANKLIN.—Bien, Monsieur.

(Mme Franklin va au guichet No. 2).

AU GUICHET No. 2

Mme FRANKLIN.—Je voudrais envoyer cette lettre recommandée à ma belle-mère.

(Elle lui donne la lettre. L'employé la prend, et lui dit:)

L'EMPLOYÉ.—C'est 1 franc 75.

(Mme Franklin lui donne 2 francs. Il lui rend 25 centimes).

Mme FRANKLIN.—Je désire aussi des timbres pour cette lettre et cette carte postale que je désire envoyer par avion aux États-Unis.

L'EMPLOYÉ.—Pour les timbres, il faut aller au guichet No. 5.

Mme FRANKLIN.—J'en viens! Il est fermé.

L'EMPLOYÉ.—Alors allez au guichet d'à côté.

(Mme Franklin retourne au guichet No. 4. Le monsieur à ce guichet est toujours en train de lire son journal).

AU GUICHET No. 4

Mme FRANKLIN.—Monsieur! Eh! Monsieur! C'est moi. Je suis de retour.

L'EMPLOYÉ.—Déjà! *(Il pose son journal).*

Mme FRANKLIN.—Je veux des timbres.

L'EMPLOYÉ.—De quelle dénomination? Combien en voulez-vous?

Mme FRANKLIN.—C'est pour cette lettre et cette carte postale que je désire envoyer par avion à New-York.

(Elle lui donne la lettre et la carte postale. L'employé les prend et les examine).

L'EMPLOYÉ.—Elle paraît bien lourde, cette lettre . . . Il faut la peser, pour savoir combien il faut de timbres.

Mme FRANKLIN.—Très bien. Pesez-la.

L'EMPLOYÉ.—Ah non! Madame. À ce guichet-ci, on ne pèse pas les lettres. On vend des timbres. Il faut aller d'abord au guichet No. 3 pour voir combien il faut mettre de timbres dessus.

Mme FRANKLIN.—Au guichet No. 3?

L'EMPLOYÉ.—Oui, aux "Renseignements".

Mme FRANKLIN.—Bien, Monsieur.

(Elle reprend sa lettre et sa carte postale et va au guichet No. 3, aux "Renseignements").

AU GUICHET No. 3

Mme FRANKLIN.—Je désire envoyer cette lettre et cette carte postale par avion, à New-York.

L'EMPLOYÉ.—Bien Madame.

(Il prend la lettre et la carte postale, les examine, et lit ce qu'elle a écrit sur la carte postale.. Il pèse la lettre et la carte postale et lui dit:)

L'EMPLOYÉ.—Pour la lettre, c'est 1 franc 40. Et pour la carte postale, 1 franc 70.

Mme FRANKLIN.—Comment! La carte postale coûte plus que la lettre?

L'EMPLOYÉ.—Oui, Madame. Elle est plus lourde.

Mme FRANKLIN.—Mais je ne comprends pas. C'est une carte postale! . . . La dernière que j'ai envoyée à New-York ne m'a coûté que 1 franc 10! Et maintenant vous me dites que c'est 1 franc 70!

L'EMPLOYÉ.—C'est bien possible. Sur l'autre carte postale, vous n'avez probablement écrit que quelques mots, comme "Bons baisers" ou "Je pense à toi", ou quelque chose comme ça. C'était donc au tarif "carte postale". Mais sur cette carte-ci, vous avez écrit toute une lettre en petits caractères fins. C'est ce qu'on appelle une "carte remplie" qui est au même tarif que les lettres; et comme votre carte postale est plus lourde que votre lettre, elle demande plus de timbres.

Mme FRANKLIN.—Ah! Je comprends.

(L'employé lui rend sa lettre et sa carte postale).

Mme FRANKLIN.—Et maintenant, qu'est-ce que je dois faire?

L'EMPLOYÉ.—Pour les timbres, il faut aller au guichet No. 5.

Mme FRANKLIN.—J'y ai été. Il est fermé.

L'EMPLOYÉ.—Alors allez au guichet d'à côté, au No. 4.

Mme FRANKLIN.—J'en viens!

L'EMPLOYÉ.—Eh bien! Retournez-y.

AU GUICHET No. 4

Mme Franklin va au guichet No. 4.
Il est midi.
L'employé est parti déjeuner.

Mme FRANKLIN, *(s'en allant et se parlant à elle-même).*—Que la vie est compliquée! Et maintenant j'ai oublié combien il m'a dit de mettre de timbres sur la carte postale . . . C'est tout à recommencer! Et je ne peux pas revenir. J'ai un rendez-vous chez le dentiste dans une demi-heure.

Questions

1. Pourquoi est-ce que l'employé au guichet No. 1 n'a pas de timbres?
2. À quel guichet faut-il aller pour acheter des timbres?
3. À quel guichet faut-il aller pour faire peser une lettre?
4. Pourquoi est-ce qu'une carte postale par avion coûte quelquefois plus cher qu'une lettre par avion?
5. Est-ce que les employés sont aimables?
6. Qui a enregistré cette conversation?
7. Pourquoi est-ce que Madame Franklin ne peut pas retourner au bureau de poste?
8. Qu'est-ce qu'il lui sera nécessaire de faire quand elle retournera au bureau de poste?
9. Qu'est-ce qu'elle a oublié?
10. Est-ce facile d'envoyer une carte postale par avion en France?

Révision

Si vous allez à un bureau de poste en France, maintenant vous savez ce qu'il faut dire et ce qu'il faut faire pour acheter des timbres et pour envoyer une carte postale par avion à New-York. Ce n'est pas toujours aussi compliqué.

En France, on va au bureau de poste pour beaucoup de choses: c'est là qu'il faut aller pour envoyer un télégramme. Le service des P. et T. (Postes et Télécommunications) s'occupe de cela. Les Français vont au bureau de poste pour téléphoner à une autre ville; il faut parfois attendre avant d'avoir la communication.

Le service des P. et T. a toutefois un avantage sur le service des postes américain: il ne perd pas d'argent. (C'est une consolation pour les Français qui payent les taxes.)

Charles et Christine, après leur réconciliation, vont ensemble au musée du Louvre. Ils s'arrêtent chez le pharmacien où Christine a demandé de la glace au chocolat. Naturellement, les pharmaciens ne vendent pas de glace. Ils ne vendent que des médicaments. Toutefois, maintenant à Paris, il y a des "drugstores" comme aux États-Unis. On peut y acheter n'importe quoi.

Pour aller au Louvre, Christine et Charles prennent le métro. Le métro de Paris est très pratique et confortable. Certains trains ont des pneus.[1] Les décorations de certaines stations sont très artistiques. À la station du Louvre, par exemple, il y a des reproductions de statues qui sont au musée du Louvre; il y a, par exemple, une reproduction de la fameuse statue de Toutankhamon.

Si vous avez bien étudié la première partie de ce livre, vous connaissez déjà approximativement mille mots français; vous pouvez maintenant avoir une conversation en français; surtout si vous parlez de sports ou de choses scientifiques, car beaucoup de mots scientifiques sont les mêmes dans les deux langues. Exemples: la radio, la molécule, le proton, l'électron, le magnétisme, le satellite, le réacteur nucléaire, la bombe atomique, etc.

---

[1]**Pneu,** tire

Avec un vocabulaire de mille mots, on peut s'exprimer en une langue, à condition d'avoir une notion de cette langue; c'est-à-dire des verbes et de la grammaire. On dit que beaucoup de personnes n'emploient jamais un vocabulaire de plus de mille mots quand ils parlent. Savoir mille mots français, c'est très bien! Mais ce qui est encore plus important est de savoir les prononcer correctement pour que les Français vous comprennent.

La première partie de ce livre est écrite sous forme de dialogues entre Charles et Christine. Charles a oublié de dire à Christine que beaucoup de mots anglais qui finissent en **ist** ou en **ic**, finissent en **iste** et en **ique** en français. Exemples: l'artiste, l'optimiste, le royaliste, le pianiste, l'économiste, le surréaliste, le dentiste, la réceptioniste, le communiste, et la technique, la politique, comique, fantastique, microscopique, classique, automatique, etc.

Maintenant, nous allons quitter Charles et Christine et passer à la seconde partie du livre qui est la plus intéressante; c'est la partie historique. On va vous parler des grands hommes, de l'histoire de la France, depuis les Gaules jusqu'à de Gaulle.

Review of vocabulary.

give the French word for:

Horizontal
1. Floor, story.
5. To add.
10. New.
12. Read (Past Participle)
14. A girl's name
16. Trousers.
19. Ear.
20. Here.
23. Tailor.
25. Of.
26. A British car.
27. To repeat.
29. Fairy.
30. To remain.
32. Goes.
33. He.
35. Yes.
36. The.
37. Costs.
38. Not.
40. Studio.
42. This.
43. One.
44. Nose.
45. To.
46. To be.
47. End, tip.
48. Has

Vertical
1. (You) are.
2. Year.
3. Nice, sweet.
4. Had (Past Participle).
6. Boy's name (Charles' brother).
7. An.
8. She.
9. Street.
11. Girl.
13. Caramel.
15. Sisters
16. Pot.
17. Snow.
18. To go.
21. Dear, darling.
22. (He) will be.
24. Return.
25. Guess!
28. (He) can.
29. Son
31. Again.
34. Cadet.
36. Moon.
39. And.
41. You.
42. That.
44. Bare.

DEUXIÈME PARTIE

Les grandes figures
de l'Histoire

Vercingétorix

autour, around	**fier,** proud
le barbare, barbarian	**lutter,** to fight; struggle
le cachot, the cell; prison	**manger,** to eat
le char, the chariot	**le mois,** the month
le chef, the chief	**mourir,** to die
le cheval, the horse	**le pays,** the country
choisir, to choose	**plusieurs,** several
dont, whose; of which	**porter,** to wear; to carry
enchaîné, chained	**se rendre,** to surrender
envahir, to invade	**unir,** to unite
la faim, the hunger	**le vainqueur,** the victor

Les livres d'histoire de France commencent généralement par cette phrase: "Nos ancêtres, les Gaulois . . ."

Qui sont ces Gaulois que les Français sont si fiers d'avoir pour ancêtres?

Ce sont des Celtes venus des plaines d'Europe centrale vers l'an mille cinq cents avant Jésus-Christ[1]. Une fois établis en France, ils prennent le nom de Gaulois.

La France s'appelait la Gaule, et Paris, Lutèce.

Les Gaulois sont des barbares sympathiques. Ils ont les cheveux blonds, les yeux bleus et portent de longues moustaches pendantes comme en portent certains jeunes hommes de nos jours. Ils aiment les chansons, les discours et les batailles, et surtout bien boire et bien manger.

En l'an cinquante-huit avant Jésus-Christ, Jules César envahit la Gaule avec une armée disciplinée. Les Gaulois, qui ont toujours passé leur temps à se disputer entre eux et n'ont pas le caractère militaire, s'unissent pour la première fois pour lutter contre les Romains. Ils choisissent pour chef un jeune brave nommé Vercingétorix, du pays d'Auvergne.[2]

Vercingétorix est le premier héros national français. Les Gaulois, unis autour de lui, résistent à César. Ils le battent à Gergovie,[3] ville de la Gaule, en Auvergne. Mais à la fin, Vercingétorix

---

[1] In French, there is no abbreviation for "Before Christ".

[2] **Auvergne:** mountainous region in the centre of France.
[3] **Gergovie,** was located in Auvergne, near Puy-de-Dôme.

encerclé dans sa forteresse à Alésia.[4] résiste pendant plusieurs mois. Mais comme ses soldats commencent à mourir de faim, il est finalement obligé de se rendre.

Après avoir mis son plus bel habit, monté sur un cheval magnifique, Vercingétorix sort de la forteresse et vient jeter ses armes aux pieds de César, son vainqueur.

Après cette victoire, Jules César retourne à Rome en triomphateur, avec Vercingétorix enchaîné derrière son char. Il le garde pendant six ans dans un cachot; puis, il le fait exécuter.

Vercingétorix est célèbre pour son héroïsme. Il s'est sacrifié pour sauver la vie de ses soldats. Les Français honorent encore son nom aujourd'hui et considèrent que leur histoire prend forme à partir du jour où il s'est rendu à Alésia, en l'an cinquante-deux avant Jésus-Christ.

Questions

1. Qui a été le premier héros national français?
2. Pourquoi est-ce que les Français l'admirent et le respectent?
3. De quelle partie de la France venait-il?
4. Est-ce que les Gaulois étaient des gens sympathiques?
5. Quel est l'ancien nom de Paris?
6. Pourquoi est-ce que Vercingétorix s'est rendu à Alésia?
7. D'où venaient les Gaulois?
8. Où est-ce que Jules César a emmené Vercingétorix?
9. Est-ce que les Gaulois portaient des moustaches?
10. En quelle année est-ce que Jules César a envahi la Gaule?

---

[4] **Alésia,** the Gauls' fort used to be near the town of Alise-Sainte-Reine in the Côte-d'Or.

26

Clovis, le premier roi des Francs

ainsi, thus	**libre,** free
attirer, to attract	**mener,** to lead
battre, to beat	**paresseux,** lazy
la bergère, the shepherdess	**les peuples,** the nations, people
devenir, to become	**le pied,** the foot
écraser, to crush	**pieux, pieuse,** pious
s'enfuir, to flee	**piller,** to plunder
épouser, to marry	**pousser,** to grow
l'Espagne, Spain	**remporter,** to win
fainéant, idle	**le roi,** the king
fidèle, faithful	**les rois fainéants,** the sluggard kings
le guerrier, the warrior	**le siècle,** the century
l'herbe, the grass	**la taille,** the stature
jusque, up to	**la ville,** the town

Cinq siècles après la première invasion romaine, les "barbares" (ainsi appelés par les Grecs et les Romains) viennent de l'Asie, attirés par la richesse du pays, pour piller les villes gauloises.

Ces barbares sont des hommes terribles. Attila, le chef des Huns, disait: "Là où mon cheval pose le pied, l'herbe ne pousse plus."

Les Gaulois sont incapables d'arrêter les Huns.

Attila, victorieux, mène ses guerriers jusqu'aux portes de Paris. Mais Geneviève, une bergère pieuse, encourage les habitants de Paris à prier et leur dit de ne pas s'enfuir. A cause du courage et de l'exemple de cette jeune fille, la ville de Paris est sauvée. Depuis ce jour, elle est appelée *sainte* Geneviève, patronne de Paris.

En l'an quatre cent cinquante, il y avait trois peuples en France: les Francs au Nord, les Burgondes à l'Est, et les Wisigoths au Sud et à l'Ouest.

Peu à peu, les Francs réusissent à prendre tout le pays et lui donnent le nom de France. Le mot "franc" signifie "homme libre".

Clovis, le roi des Francs, prend plusieurs villes; une de ces villes est Reims. Là, il fait la connaissance d'une princesse chrétienne qu'il épouse. Cette princesse, Clotilde, veut le convertir au chris-

tianisme; mais il refuse. Toutefois, pendant la bataille de Tolbiac qu'il a presque perdue, dans un moment de désespoir il prie le Dieu de Clotilde de venir à son aide; il lui promet de se convertir s'il remporte la victoire.

Il gagne la bataille et, fidèle à sa promesse, il se fait baptiser à Reims. En même temps que lui, trois mille de ses soldats sont baptisés et deviennent chrétiens.

Après sa victoire sur les Wisigoths et les Burgondes, Clovis est maître de presque tout le pays. Il est le premier roi de toute la Gaule et établit la première dynastie mérovingienne. (Le nom vient de Mérovée, chef militaire d'une des tribus des Francs.)

Les rois qui lui succèdent sont paresseux. On les a surnommés les *rois fainéants*. Ils laissaient le chef de leur palais gouverner à leur place.

Quand de nouveaux envahisseurs, les Arabes, venus d'Afrique et d'Espagne, pénètrent en Gaule, Charles Martel est le chef du palais. Ce nom, *le marteau,* lui a été donné parce qu'en luttant contre les Arabes, il les a battus si complètement qu'ils ont été écrasés comme par un marteau.

Son fils, surnommé Pépin le Bref à cause de sa petite taille, lui a succédé. Il a épousé une princesse surnommée Berthe au grand pied, ainsi appelée parce qu'un de ses pieds était plus grand que l'autre.

Leur fils, Charles, est connu dans l'histoire sous le nom de Charlemagne, ce qui signifie Charles le Grand.

Questions

1. Qui a dit: "Là où mon cheval pose le pied, l'herbe cesse de pousser"?
2. Quels peuples les Romains et les Grecs appelaient-ils des barbares?
3. Est-ce qu'Attila est entré dans Paris?
4. Qui est la sainte patronne de Paris?
5. Que signifie le mot "Franc"?
6. Pourquoi appelle-t-on les rois qui ont succédé à Clovis "les rois fainéants"?
7. Pourquoi a-t-on donné le nom de *Martel* au chef du palais?
8. Est-ce que Pépin le Bref était grand ou petit?
9. Pourquoi l'épouse de Pépin le Bref est-elle appelée Berthe "au grand pied"?
10. Qui était son fils?

27

Charlemagne et son empire

la cour, the court
couronner, to crown
créer, to create
dont, of which, of whom
durer, to last
égaler, to be equal to
l'église, the church
éloigné, far-away
enterrer, to bury
entier, entire

l'événement, the event
la loi, the law
le moine, the monk
la moyenne, the average
parmi, among
peigner, to comb
le prêtre, the priest
reconnaissant, grateful
le type, the fellow

avoir lieu, to take place

Quand on demande à un jeune écolier français: "Qui était Charlemagne?" Généralement, sa réponse est: "C'est le type qui a inventé les écoles!"

Il est vrai que Charlemagne a créé de nombreuses écoles. Il a beaucoup contribué à la civilisation de la France et du monde entier.

Eginhard, son secrétaire, a donné ce portrait de lui: "Il était large, solide et grand; sa taille égalait sept fois la longueur de son pied; il avait le haut de la tête rond, les yeux grands et vifs, le nez un peu plus grand que la moyenne, les cheveux blancs, l'air gai et de bonne humeur: tout cela lui donnait, assis ou debout, beaucoup d'autorité et de dignité."

Charlemagne s'intéresse beaucoup à l'instruction. Il fait venir à sa cour des savants de tous les pays dont le plus célèbre est Alcuin, un savant d'Angleterre, qui l'aide à fonder une école au palais. Charlemagne, sa femme et ses enfants vont tous à cette école.

Charlemagne demande aux prêtres d'ouvrir des écoles gratuites. "Je veux, dit-il, une école près de chaque église."

Il encourage aussi les moines à recopier et à illustrer les livres les plus connus de l'antiquité latine; c'est pourquoi il existe encore de nos jours beaucoup de ces textes anciens.

Charlemagne s'est toujours intéressé aux arts et à la littérature, chose extraordinaire pour un roi de son époque.

Il est aussi un grand guerrier. Il crée un empire immense; pendant presque un siècle, la France, l'Allemagne et l'Italie se trouvent réunis en un seul empire ayant une seule Église, une seule langue et une seule culture.

En l'an huit cents, il envoie une armée à Rome, ville du pape, pour battre les Lombards. Pour lui montrer sa reconnaissance, le pape le couronne empereur, c'est-à-dire successeur des anciens empereurs romains. Ce grand événement a lieu le jour de Noël dans l'église de Saint-Pierre à Rome.

Charlemagne fixe sa résidence à Aix-la-Chapelle, entre l'Elbe et la Loire, de façon à ne pas être trop éloigné d'aucun point de son Empire.

Son règne dure quarante-six ans. Il meurt à l'âge de soixante-douze ans et est enterré dans l'église d'Aix-la-Chapelle.

Questions
1. Est-ce que Charlemagne était grand?
2. Qu'a-t-il fait pour la France?
3. Quand et où a-t-il été couronné empereur?
4. Qu'est-ce qu'il a demandé aux prêtres de faire?
5. Qu'est-ce qu'il a demandé aux moines de faire?
6. Comment est-ce que le pape lui a montré sa reconnaissance pour avoir défendu Rome contre les Lombards?
7. Quels pays faisaient partie de l'Empire de Charlemagne?
8. A quelle école sont allés les enfants de Charlemagne?
9. Est-ce que Charlemagne était un grand guerrier, ou un bon organisateur?
10. Comment a-t-il contribué à la civilisation du monde entier?

28

Guillaume le Conquérant

d'abord, at first	**le fait,** the fact
l'aîné, the eldest	**le fleuve,** large river
apaiser, to appease	**la moitié,** half
autrefois, formerly	**la mort,** the death
broder, to embroider	**partager,** to share
la coutume, the custom	**le paysan,** the peasant
le débarquement, the landing	**pendant,** during
	vite, quickly

Le grand empire de Charlemagne n'a pas duré longtemps après sa mort. En l'an huit cent quarante-trois, par le traité de Verdun, les petit-fils de Charlemagne se partagent son empire.

L'aîné, Lothaire, garde le titre d'empereur; il prend les pays du Rhin et les Alpes, la Provence et l'Italie.

Le second, Louis, prend la Germanie.

Le plus jeune, Charles, reçoit le territoire qui constitue la Gaule. À partir de ce jour, ce pays s'appelle la France, c'est-à-dire le pays des Francs.

Peu de temps après la mort de Charlemagne, il y a de nouvelles invasions. La plus importante est celle des hommes du Nord qu'on appelle les *Northmen;* de là, on a obtenu le mot *Normand.*

Ces Normands étaient d'abord des pirates qui remontaient les fleuves et les rivières et pillaient les églises, les châteaux, les villes et les villages. Mais après avoir reçu la riche province de Normandie que le roi de France, Charles le Simple, leur donne pour les apaiser, ils apprennent vite la langue et les coutumes des Français et deviennent d'honnêtes paysans et de bons commerçants.

En mille soixante-six, un événement d'une grande importance historique a lieu: un duc puissant de la Normandie, Guillaume le Conquérant, envahit l'Angleterre et bat Harold, le roi d'Angleterre, à la bataille de Hastings.

Après cette victoire, Guillaume le Conquérant se fait couronner roi d'Angleterre.

Les résultats de cette invasion de l'Angleterre sont considérables. Beaucoup d'Anglais adoptent la langue et les coutumes de

leurs vainqueurs. Pendant longtemps après, on ne parle que le français à la cour et dans la haute société d'Angleterre. Un grand nombre de mots français sont restés dans la langue anglaise. Mais un autre résultat de cette invasion est la lutte entre la France et l'Angleterre qui a duré presque cent ans.

Les rois d'Angleterre, descendants de Guillaume le Conquérant, possèdent la moitié de la France. À cause de ce fait, les rois de ces deux pays se sont fait la guerre pendant plusieurs siècles.

Guillaume le Conquérant est enterré à Bayeux. Dans le musée de cette ville, il y a une tapisserie célèbre; elle a été brodée, dit-on, par la reine Mathilde, femme de Guillaume le Conquérant.

Cette tapisserie mesure soixante-dix mètres de longueur et un mètre de largeur; elle représente le débarquement des Normands en Angleterre et toute l'histoire de Guillaume le Conquérant et de la conquête de l'Angleterre. Elle constitue un document historique de premier ordre.

Questions

1. Quel peuple a envahi la France après la mort de Charlemagne?
2. Quel territoire reçoit le plus jeune fils de Charlemagne!
3. D'où vient le mot *Normand?*
4. Quel événement important a lieu en l'an mille soixante-six?
5. Que représente la tapisserie de Bayeux?
6. Pourquoi est-ce que la France et l'Angleterre se sont fait la guerre pendant longtemps?
7. Où est enterré Guillaume le Conquérant?
8. Qui était la reine Mathilde? Pourquoi est-elle célèbre?
9. Est-ce que la conquête de l'Angleterre par Guillaume le Conquérant a été une bonne chose?
10. Quels sont les résultats de cette invasion?

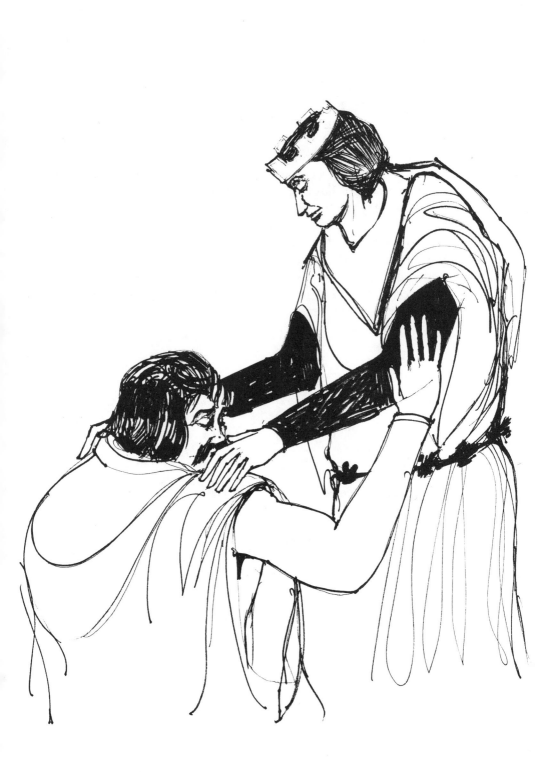

29

Le roi Saint-Louis

l'argent, the money
la bonté, the kindness
le but, the goal
le chef-d'œuvre, the masterpiece
le chêne, the oak
le chrétien, the Christian
la croisade, the crusade
le croisé, the crusader
doux, douce, sweet
l'endroit, the place
l'épice, the spice

l'étoffe, the fabric, material
lorsque, when
mal, badly
malade, sick
le meilleur, the best
nourrir, to feed
le pain, the bread
partout, everywhere
pauvre, poor
la peste, the plague
la viande, the meat

Louis IX, connu dans l'histoire sous le nom de Saint-Louis, avait douze ans lorsque son père, Louis VIII, est mort. Sa douce mère, Blanche de Castille, gouverne le royaume à sa place jusqu'au jour de sa majorité. Elle lui enseigne de bons principes, voulant en faire un bon chrétien et un grand roi.

Saint-Louis a été un des meilleurs rois de France.

Les artistes de son époque le représentent presque toujours avec une couronne et un cercle autour de la tête. Il est célèbre pour sa bonté et ses jugements. L'hiver il rend la justice dans son palais; l'été, il s'installe sous un grand chêne dans la forêt de Vincennes, près de Paris.

Le palais du roi est sur l'île de la cité à l'endroit où est maintenant le Palais de Justice de Paris. C'est là où Saint-Louis a fait construire la Sainte-Chapelle, à côté du palais royal; cette chapelle, construite pour recevoir les reliques du Christ, est un chef-d'œuvre de l'architecture gothique.

Saint-Louis a aussi fait construire la Sorbonne.

Les jours de grandes fêtes, il recevait les pauvres et les malades dans son palais. C'était un roi charitable. On raconte que "partout où le roi allait, cent vingt pauvres étaient toujours nourris dans sa maison, de pain, de viande ou de poisson chaque jour. Souvent le roi les servait lui-même et leur donnait de l'argent au départ."

Son rêve était de reconquérir Jérusalem que les Turcs avaient repris cent ans après la première croisade. Il organise deux croisades, mais elles finissent mal: pendant la première croisade, il est fait prisonnier en Égypte; pendant la seconde, en douze cent soixante-dix, il meurt de la peste en Afrique du Nord, près de Tunis.

La libération de la Terre Sainte, qui était le but des croisés, n'a donc jamais été accomplie. Mais les croisades ont eu des conséquences très importantes: elles ont mis en contact les hommes des deux grandes civilisations, celle de l'Occident et celle de l'Orient.

Les croisés étaient fascinés par les objets précieux, les étoffes, les fruits et les épices qu'ils avaient vus en Orient. Un commerce s'est établi entre l'Orient et l'Occident et les Français ont changé leur façon de vivre.

Maintenant que nous vous avons parlé des croisades et des croisés, essayez de faire le problème de mots croisés qui suit. Il n'est pas difficile.

Mots croisés

Horizontal

1. King.
2. Court.
5. City that Ste Geneviève saved from the Huns.
7. The first king who ruled in Gaule.
10. How France used to be named.
11. Water.
13. Noise that a French clock makes.
15. Car.
17. A knock on the door.
20. In.
21. Idea.
22. Your (singular).
24. The.
25. If.
26. Nor.

Vertical

1. Laughed.
2. A scream.
3. Bird.
4. Abbreviation for United States.
5. Polite.
6. With.
7. Abbreviation for **cela.**
8. How Paris used to be named.
9. Seen.
10. Sweet, nice.
12. Act.
14. Tact.
16. (They) have.
18. Ode.
19. Your (plural).
23. Year.

30

Jeanne d'Arc

apparaître, to appear
arbitrer, to arbitrate, to settle
brûler, to burn
chasser, to drive out
le début, the beginning
la défaite, the defeat
donc, therefore
s'emparer, to get hold of
entendre, to hear
entreprendre, to undertake

fou, crazy
l'héritier, the heir
hors, outside
le pape, the pope
la partie, the part
la puissance, the power
régner, to rule
sacrer, to crown
sans, without
la sorcière, the witch

y compris, including
avoir peur, to be afraid

Soixante-dix ans après la mort de Saint-Louis, le roi d'Angleterre, Édouard III, veut succéder au dernier roi de France, mort sans enfant. C'est le début d'une longue guerre entre la France et l'Angleterre; on l'appelle la *guerre de Cent Ans*.

Le roi de France, Charles VI, est devenu fou. Sa femme, Isabeau de Bavière, gouverne à sa place. Commencent alors les intrigues et une guerre entre le duc d'Orléans, le frère du roi, et Jean sans Peur, son cousin.

Il y avait alors deux papes en France: un à Avignon et un autre en Italie. L'Université de Paris, la grande puissance intellectuelle de la France, essayait d'arbitrer l'affaire. Le duc d'Orléans défendait le pape d'Avignon.

Jean sans Peur fait assassiner le duc d'Orléans. Il y a alors une guerre civile en France.

Les Anglais profitent de ce désordre pour s'emparer d'une grande partie de la France. Après la défaite des Français à la bataille d'Azincourt, la reine Isabeau est forcée de signer le traité de Troyes en quatorze cent vingt; ce traité reconnaît le roi d'Angleterre comme l'héritier de Charles VI.

À la mort de Charles VI, il y a donc deux rois en France: le roi d'Angleterre, et le fils de Charles VI qui lui aussi se proclame roi.

Les Anglais occupent alors une grande partie de la France, y compris les villes de Paris, Reims et Bordeaux. Charles VII ne règne que dans la partie de la France qui est au Sud de la Loire. Il établit sa capitale à Bourges, petite ville juste au sud de la Loire.

C'est alors que Jeanne d'Arc apparaît. Cette jeune bergère de Domrémy, un village de Lorraine, est persuadée qu'elle a entendu des voix qui lui ont ordonné de chasser les Anglais hors de France.

Jeanne va voir le roi.

Charles VII est un homme faible, irrésolu, et il a peur d'attaquer les Anglais. Jeanne arrive à le convaincre et obtient de lui qu'il lui laisse commander son armée.

Aussitôt, la situation change: les soldats français reprennent courage et deviennent victorieux.

Jeanne force les Anglais à abandonner Orléans. Après cette victoire, elle conduit Charles VII à Reims et le fait sacrer roi de France.

Ensuite, elle continue la guerre pour libérer entièrement son pays; mais à la bataille de Compiègne, les Bourguignons, alliés des Anglais, la font prisonnière. Ils la vendent aux Anglais qui l'emmènent à Rouen. Là, elle est jugée, accusée d'être une sorcière, et brûlée sur la place du Vieux Marché.

La guerre de Cent Ans s'est terminée quelques années après la mort de Jeanne d'Arc. Les Anglais ont été finalement chassés de France.

Jeanne d'Arc est restée la plus célèbre des héroïnes nationales.

Questions

1. Quel est le roi de France qui est devenu fou?
2. Qui a régné à sa place?
3. Pourquoi y avait-il deux rois de France à cette époque?
4. De quelle province venait Jeanne d'Arc?
5. De quoi les Anglais l'ont-ils accusée?
6. Comment est-elle morte?
7. Où l'a-t-on brûlée?
8. Dans quelle ville Charles VII a-t-il été sacré roi de France?
9. Qui était Jean sans Peur?
10. Comment est mort le duc d'Orléans?
11. Qui a gagné la guerre de Cent Ans finalement, les Anglais ou les Français?

31

Louis XI unifie le royaume

agrandir, to enlarge	**le Moyen Âge,** the Middle Ages
l'atelier, the workshop	**puissant,** powerful
bossu, hunchbacked	**rusé,** cunning
la boutique, the shop	**le seigneur,** the lord
le drap, the cloth	**la soie,** the silk
l'espion, the spy	**se soumettre,** to submit
fabriquer, to manufacture	**Suisse,** Swiss
la foire, the fair	**la toile,** the linen
habile, clever	**tuer,** to kill
s'habiller, to dress	**vaincre,** to vanquish, to defeat
laid, ugly	**il veut,** he wants

Le fils de Charles VII, Louis XI, est petit, laid et bossu. Il vit et s'habille simplement et n'a pas l'air d'un roi; il porte un bonnet qui lui donne un air modeste. C'est pourtant un grand roi.

C'est un homme énergique, rusé et habile en diplomatie. Il a pour conseillers son barbier, Olivier le Dain, et un de ses espions, Tristan l'Ermite. Il veut savoir tout ce qui se passe dans son royaume et aime se promener dans les rues et s'arrêter aux boutiques des marchands.

Après la guerre de Cent Ans, la France est très pauvre. Louis XI veut développer l'industrie. Il encourage les artisans et organise de grandes foires; il fait ouvrir à Lyon le premier atelier pour la fabrication de draps et de toiles; c'est là que s'est développée l'industrie de la soie pour laquelle cette ville est célèbre.

Louis XI est ambitieux: il veut unifier son royaume; mais plusieurs seigneurs refusent de se soumettre à l'autorité du roi. Le plus puissant de ces seigneurs est Charles le Téméraire, duc de Bourgogne qui veut agrandir son duché et prendre la Champagne et la Lorraine qui dépendent de l'empereur d'Allemagne.

Louis XI, habile diplomate, décide de ne pas faire lui-même la guerre à Charles le Téméraire, mais de le faire attaquer par les Suisses et le duc de Lorraine.

Charles le Téméraire est vaincu et tué en essayant de prendre Nancy, capitale de la Lorraine. Après sa mort, Louis XI s'empare de la Bourgogne et de la Lorraine. Il fait aussi l'acquisition de la Provence par héritage.

Après la mort de Louis XI, le royaume est uni, à l'exception du duché de Bretagne.

Le fils de Louis XI, Charles VIII, épouse Anne, la duchesse de Bretagne.

Ainsi l'unification de la France est accomplie.

À la mort de Louis XI se termine la période de l'histoire qu'on appelle le *Moyen Age.*

Questions

1. Est-ce que Louis XI est beau?
2. Qui sont ses conseillers?
3. S'est-il battu contre Charles le Téméraire?
4. Comment est-ce que la Bretagne a été rattachée à la France?
5. Pour quelle industrie la ville de Lyon est-elle célèbre?
6. Quelles sont les provinces qui ont été unies à la France sous le règne de Louis XI?
7. Qu'est-ce que Louis XI a fait pour la France?
8. Est-ce qu'il a été un bon roi?
9. Est-ce que Louis XI a un air modeste?
10. Quelle période de l'histoire se termine avec la mort de Louis XI?

32

Révision

Les Gaulois, que les Français aiment tant appeler leurs ancêtres, sont des gens sympathiques; ils aiment discuter, chanter, se disputer entre eux, et surtout bien boire et bien manger.

En cela, ils ne sont pas très différents des Français d'aujourd'hui.

La Gaule a été envahie par tant de peuples qu'il est difficile de dire si un Français de nos jours est un descendant des Gaulois, des Francs, des Romains, des Burgondes ou des Wisigoths.

Pendant longtemps les provinces comme la Bretagne, la Normandie et la Lorraine, étaient des pays indépendants; cela explique pourquoi ces provinces ont encore de nos jours des coutumes et des dialectes différents.

C'est par la tapisserie de Bayeux que l'on connaît en détail la vie de Guillaume le Conquérant. Cette tapisserie remarquable est la première bande dessinée qui raconte une histoire.

Pendant la seconde guerre mondiale, Hitler a essayé de voler cette tapisserie. Il a envoyé un lieutenant-colonel des S.S.[1] auprès du général Von Choltitz avec ordre de lui remettre cette précieuse tapisserie; par précaution, on l'avait envoyée au musée du Louvre, à Paris, au moment des bombardements pendant le débarquement des armées alliées en Normandie.

Le lieutenant-colonel des S.S. avait l'ordre du *Führer* d'aller chercher cette tapisserie et de la lui rapporter.

Le général Choltitz était très occupé au moment où le lieutenant-colonel est arrivé, et il lui a demandé de revenir dans une heure. Mais le lieutenant-colonel des S.S. n'est jamais revenu, car un moment après, le général Choltitz était arrêté et Paris libéré.

Tout le monde connaît l'histoire de Jeanne d'Arc et des voix qui l'ont inspirée à entreprendre le long voyage, de Domrémy où elle est née, au château de Chinon pour voir le roi. Il existe une énorme littérature sur Jeanne d'Arc, et cependant on ne sait rien de certain sur sa véritable personnalité. La légende a beau-

---

[1] S.S.—abbreviation for *Schutz-Staffel,* the Nazi's military police in occupied countries.

coup ajouté à l'histoire et l'a probablement transformée en une personne très différente de ce qu'elle était en réalité.

Était-elle jolie, timide et en même temps très brave, comme on se la représente? Et quel âge avait-elle lorsqu'elle a quitté son village?

Interrogée à ce sujet au moment de son jugement, elle confesse ignorer la date de sa naissance. Plus tard, on a questionné les gens qui l'on vue à Rouen; l'un lui a donné vingt-sept ans, un autre dix-huit ans.

Le seigneur de Perceval Boulainvilliers, qui l'a connue, la décrit ainsi dans une lettre qu'il a envoyée au duc de Milan le vingt et un juin, quatorze cent vingt-neuf:

"Jeune fille d'une élégance parfaite, elle a un comportement viril, parle peu, montre une grande prudence dans ses discours et son élocution. Elle a une voix douce, mange peu et ne boit pas de vin; elle se plaît au milieu des chevaux et des hommes d'armes."

Louis XI était un homme rusé, sans pitié pour ses ennemis. Il disait: "Qui cesse d'être mon ami ne l'a jamais été."

Il était cruel: il mettait ses ennemis et ses prisonniers dans des petites cages où il leur était impossible de se coucher ou de se tenir debout.

Toutefois, il a été un grand roi et a rendu de grands services à la France. Il a travaillé à l'unification du pays.

Son règne termine la période de l'histoire appelée le Moyen Âge. Après cette période vient la *Renaissance*.

Horizontal

1. William (the Conqueror).
5. In.
6. Neither.
7. Killed.
9. (You) have.
10. Not.
11. Appearance.
12. Inhabitant of the province from which came William the Conqueror.
15. Province that Louis XI annexed to France.
16. World.
17. Seas.
19. Me.
20. To happen.
22. A number.
23. (You) have.
24. Years.

Vertical

1. People.
2. United.
3. Age.
4. (You) are.
7. Earth.
8. To help.
9. To the.
10. North.
11. Wife of Charles VIII.
12. No.
13. My.
14. To love.
15. River that separated Charles VII's kingdom from the territory occupied by the British.
18. Without.
19. My (plural).
21. Goes.
22. An.

33

François I_{er} et la Renaissance

aucun, aucune, not any
cependant, however
la chasse, hunting
le château fort, the fortified castle
conserver, to keep
le décor, the decoration
fleurir, to flourish
jouer, to play

le marbre, the marble
nombreux, numerous
l'œuvre, the work, production
produire, to produce
la veuve, the widow
d'abord, at first

afin de, in order to

Pendant les années suivantes, les mariages des rois jouent un rôle important dans l'histoire de France.

Charles VIII est mort sans enfant; son cousin Louis XII lui succède. Il épouse d'abord Jeanne, fille de Louis XI, puis fait casser ce mariage pour épouser Anne de Bretagne, veuve de Charles VIII, afin de conserver la Bretagne pour la France.

À la mort de la duchesse Anne, la Bretagne revient à sa fille Claude.

François I_{er} succède à son oncle Louis XII et épouse Claude. Ainsi la Bretagne est rattachée à la France pour la troisième fois.

François I_{er} lutte contre Charles Quint, empereur d'Allemagne et roi d'Espagne. Après la défaite de Pavie où il est battu par les Espagnols et fait prisonnier, il écrit ces mots superbes dans une lettre à sa mère: "Madame, tout est perdu, fors* l'honneur."

Peu après la découverte de l'Amérique, les rois de France Charles VIII, Louis XII et François I_{er} font la guerre à l'Italie; ils veulent conquérir le royaume de Naples et le duché de Milan.

Ces guerres d'Italie ont duré vingt ans. Aucune de ces expéditions militaires ne réussit, mais elles ont eu de bonnes conséquences.

En France, les châteaux étaient toujours sombres et sans décors; quand les seigneurs français voient les splendides palais de marbre où habitent les seigneurs italiens, ils veulent les imiter.

---

*fors except (old French).

François Ier invite les architectes italiens à venir en France. Bientôt, ils produisent de grandes œuvres d'art et ainsi la Renaissance commence à fleurir en France.

On peut voir l'influence italienne dans la construction des châteaux de la Loire. C'est François Ier qui a fait construire le château de Chambord et le château de Fontainebleau, près de Paris.

François Ier est un homme qui aime le luxe, bien vivre et bien manger. Aucun roi de France avant lui n'avait une cour si nombreuse et donné des fêtes si brillantes. Il y avait plusieurs milliers de courtisans à sa cour.

La cour est toujours en voyage parce que le roi aime la chasse; pour cela, il va de château en château et il a plus de douze mille chevaux pour ces voyages.

François Ier s'intéresse aussi à l'éducation et à la littérature. Rabelais est le grand écrivain du temps.

C'est sous son règne que Jacques Cartier a pris possession du Canada, au nom de François Ier.

Questions
1. Qui sont les deux rois que la duchesse Anne de Bretagne a épousés?
2. Pour quelles raisons est-ce que les rois de France ont fait la guerre à l'Italie?
3. Quel roi régnait en France quand Christophe Colomb a découvert l'Amérique?
4. Combien de courtisans y avait-il à la cour de François Ier?
5. Combien de chevaux y avait-il pour les voyages de la cour?
6. Quelles ont été les heureuses conséquences des guerres d'Italie?
7. Quels sont les châteaux que François Ier a fait construire?
8. Est-ce que François 1er a contribué au développement de l'art en France?
9. Dans quelle partie de la France se trouvent la plupart des châteaux de la Renaissance?
10. Comment étaient les châteaux français avant la Renaissance?

34

Henri IV
et les guerres de Religion

le bord, the edge
le colon, the settler
demi, half
la douceur, the gentleness
éclater, to break out
s'efforcer, to make an effort
la flotte, the fleet
le gentilhomme, the gentleman,
   nobleman
hériter, to inherit
heureux, happy

la loi, the law
malgré, in spite of
il meurt, he dies
pratiquer, to practice
prêcher, to preach
reconnaître, to recognize
le secours, the help
tard, late
la tutelle, the tutelage

En trente ans de temps, de quinze cent cinquante-neuf à quinze cent quatre-vingt-neuf, trois frères se succèdent comme rois de France: *François II, Charles IX* et *Henri III.*

Henri II, le fils de François Ier, épouse la toute puissante Catherine de Médicis; il meurt d'un coup de lance dans l'œil en jouant dans un tournoi.[1] Son fils, aîné, François II, ne règne qu'une année. Son frère Charles IX règne ensuite, d'abord sous la tutelle de sa mère, jusqu'en quinze cent soixante-quatorze. À sa mort, son frère, Henri III, devient roi et règne de quinze cent soixante-quatorze à quinze cent quatre-vingt-neuf.

Les guerres de religion, commencées sous le règne d'Henri II, ont duré presque quarante ans.

En quinze cent soixante, le grand mouvement religieux, qu'on appelle la Réforme, commencé en Allemagne par Martin Luther, s'empare de la France où Calvin prêche la nouvelle doctrine.

Le plus horrible épisode des guerres de religion, *le massacre de la Saint-Barthélemy,* a eu lieu sous le règne de Charles IX, en quinze cent soixante-douze: pendant la nuit du vingt-trois août, plusieurs milliers de protestants ont été massacrés à Paris.

Henri III essaye de rétablir la paix, mais n'y arrive pas.

Les catholiques créent une association appelée *La Ligue;* leur

---

[1] **tournoi:** *a contest between two men on horseback, each trying to unseat the other with his lance.*

chef est le duc de Guise. Les protestants s'unissent alors de leur côté et prennent pour chef *Henri de Navarre,* cousin de Henri III.

Henri de Navarre est le roi d'un petit pays dans les Pyrénées, au sud de la France.

Henri III s'allie d'abord aux catholiques; mais comme leur chef, le duc de Guise, devient trop puissant, il le fait assassiner.

Aussitôt une révolution éclate à Paris contre la royauté. Henri III réussit à s'enfuir de Paris; il appelle à son secours son cousin, Henri de Navarre, et se réconcilie avec lui.

Henri III est à son tour assassiné par un moine fanatique. Avant

Après avoir ainsi hérité du trône, Henri de Navarre, qui était protestant, s'est battu pendant cinq ans contre les catholiques qui ne voulaient pas l'accepter pour roi. Finalement, pour mettre fin aux misères des guerres civiles, Henri de Navarre s'est fait catholique.

Après sa conversion, le peuple l'a accepté pour roi sous le nom de *Henri IV.*

Le règne de Henri IV est une période de prospérité pour la France. Avec son ministre Sully, il s'efforce de rendre les paysans plus heureux; il leur promet d'avoir à payer moins de taxes; ils peuvent ainsi reconstruire leurs maisons et acheter de nouveaux instruments agricoles. Il dit: "Je voudrais que chaque famille de paysans puisse mettre* une poule au pot tous les dimanches."

Le roi encourage aussi le commerce: il fait construire des routes et un canal entre la Loire et la Seine. Il crée de nouvelles industries et une flotte marchande. Il fonde des colonies et envoie Champlain au Canada; des centaines de colons s'installent sur les bords du Saint-Laurent, à Québec.

Henri IV défend les droits des huguenots. Il fait proclamer la fameuse loi qu'on appelle *l'édit de Nantes.* Cet édit autorise les protestants à vivre librement en France et à pratiquer leur religion. Cette loi proclame, pour la première fois dans l'histoire, la tolérance religieuse.

Tous les Français, les paysans surtout, aiment beaucoup ce roi. Il est souvent appelé "le bon roi Henri". Malheureusement pour la France, son règne ne dure que seize ans. Il meurt assassiné par

---

* **"Je voudrais que chaque famille puisse mettre ... "** *I would like every family to be able to put...*

Ravaillac, un demi-fou fanatique qui l'accusait d'être resté l'ami des protestants.

Aucun roi de France n'a été autant regretté. Il a été probablement le plus charmant, le plus spirituel et le plus français des anciens rois. On a souvent parlé de son affabilité souriante, sa douceur et sa politesse parfaite. Les gentilshommes appréciaient sa familiarité joviale pleine de bonne humeur et de camaraderie, son entrain, sa gaieté. En même temps, il savait jouer le rôle de grand seigneur quand cela lui plaisait, et porter la couronne de France avec dignité.

Henri IV a été un des meilleurs rois de France.

Questions
1. Quels sont les trois rois de France qui étaient frères?
2. Quel roi de France a dit: "Je voudrais que chaque famille de paysans puisse mettre une poule au pot tous les dimanches"?
3. Est-ce que Henri IV était catholique ou protestant?
4. L'édit de Nantes, qu'est-ce que c'est?
5. Pour quelle raison est-ce que Henri de Navarre a changé de religion?
6. Est-ce que Henri IV était bon?
7. Comment est-il mort?
8. Combien de temps ont duré les guerres de religion?
9. Que savez-vous sur le massacre de la Saint-Barthélémy?
10. Est-ce que la Ligue était une association catholique ou protestante?

35

Louis XIII et Richelieu

affaiblir, to weaken
le complot, the plot, conspiracy
détruire, to destroy
empêcher, to prevent
l'esprit, the spirit, mind
le génie, the genius
le genre, the kind, sort
l'habileté, the skill
obéir, to obey

obéissant, obedient
omettre, to omit
le portefeuille, the case of file
containing important papers
le roman, the novel
la santé, the health
le sommeil, the sleep
vilain, wicked

grâce à, thanks to

Le fils de Henri IV, Louis XIII, n'a que onze ans à la mort de son père. Sa mère, Marie de Médicis, gouverne le royaume pendant sa minorité.

Pendant la régence de Marie de Médicis, les nobles et les huguenots se révoltent de nouveau et quand Louis XIII devient roi à sa majorité, ils résistent à son autorité.

La France est de nouveau troublée par ces révoltes qui ne cessent que quand Louis XIII prend pour ministre le cardinal de Richelieu.

Richelieu a une politique bien déterminée: il faut respecter le roi et lui obéir. Il réussit à établir la monarchie absolue. Grâce à lui, le roi devient un roi tout puissant.

Richelieu ne reproche pas leur religion aux protestants; il leur reproche seulement de ne pas être obéissants. L'Édit de Nantes leur reconnaissait le droit d'avoir des troupes dans certaines villes protestantes, comme La Rochelle, pour se défendre contre les catholiques. Lorsqu'à La Rochelle les protestants se révoltent de nouveau, Richelieu n'hésite pas à envoyer une armée pour attaquer leur ville forte.

Le siège dure un an. Finalement, les protestants sont forcés de capituler.

Les seigneurs détestent Richelieu, parce qu'il les oblige à obéir au roi. Ils font de nombreux complots pour se débarrasser de lui; ils essayent même de l'assassiner. Richelieu fait condamner à mort tous ceux qui participent à ces complots; il fait même

exécuter un des plus grands seigneurs du royaume, le duc de Montmorency, cousin du roi.

Pour affaiblir les seigneurs et les empêcher de résister à l'autorité du roi, Richelieu les oblige à détruire leurs châteaux forts. Il leur interdit aussi de se battre en duel.

L'administration intérieure de Richelieu est remarquable: il institue d'utiles réformes dans les finances et la législation et il organise une réunion de l'assemblée des notables. Il créé l'absolutisme royal, tel que l'a pratiqué plus tard Louis XIV.

Dans un autre ordre d'idées, Richelieu est le créateur de la marine française. Il est aussi le créateur de l'empire colonial français: le Canada, la Martinique, la Guadeloupe, Saint-Domingue[1] et Cayenne[2] deviennent des territoires français.

Ami des lettres, il fonde l'Académie française.

Mais quel genre d'homme était-il vraiment? Il n'était certainement pas le vilain homme dont Alexandre Dumas parle dans son roman "Les Trois Mousquetaires."

L'historien Augustin Thierry a dit que Richelieu a fait toutes les réformes sociales qu'il était possible de faire en son temps. Il était un homme de génie et passait de l'idée à l'action avec une merveilleuse habileté.

Le jugement que Richelieu a donné sur lui-même semble juste: "Je n'ai jamais eu d'autres ennemis que ceux de l'État", dit-il avant sa mort.

Voici ce qu'a écrit un de ses secrétaires à son sujet: "Il était infatigable au travail. Il avait une santé délicate et des maladies presque continuelles. Il se couchait ordinairement sur les onze heures et il ne dormait que trois heures de suite. Quand son premier sommeil était passé, il se faisait apporter de la lumière et son portefeuille pour écrire lui-même, ou pour dicter à un secrétaire qui couchait dans sa chambre; il se rendormait ensuite sur les six heures et se levait entre sept et huit heures . . . Il recevait tout le monde avec politesse."

Richelieu a été un des plus grands hommes d'État de la France.

---

[1] **Saint-Domingue:** *Haïti.*
[2] **Cayenne:** *capital of French Guiana.*

Questions

1. Pourquoi est-ce que Richelieu a fait la guerre aux protestants et a attaqué La Rochelle?
2. Combien de temps a duré le siège de La Rochelle?
3. Quels sont les territoires qui sont devenus des colonies françaises sous le règne de Louis XIII?
4. Pourquoi est-ce que Richelieu a obligé les seigneurs à détruire leurs châteaux forts?
5. Qui a fondé l'Académie française?
6. Est-ce que Richelieu avait une bonne santé?
7. Était-il poli?
8. Travaillait-il beaucoup?
9. Considérez-vous que Richelieu a fait beaucoup pour la France?
10. Pourquoi est-ce que les nobles le détestaient?

36

Louis XIV, le Roi-Soleil

augmenter, to increase
le chemin, the way
la chemise, the shirt
la dépense, the expense
s'entourer, to surround oneself
emprunter, to borrow
l'impôt, the tax

l'or, the gold
orgueilleux, proud, conceited
l'ouvrier, the worker
réglé, ruled
révoquer, to repeal
le soleil, the sun

Richelieu a préparé le chemin pour le grand règne de Louis XIV.

Ce roi est très orgueilleux; il est sûr de lui et pense qu'il est le plus grand roi du monde et il veut être obéi par tout le monde, même par les plus grands seigneurs. C'est un roi absolu qui dit: "L'État, c'est moi."

Après avoir d'abord resédé au palais du Louvre à Paris, il s'installe avec sa cour à Versailles où il fait construire un immense palais.

Sous sa direction, des artistes et des architectes, employant trente-six mille ouvriers, construisent ce splendide château de Versailles avec son parc, ses beaux jardins et son intérieur somptueux.

Louis XIV y donne des fêtes magnifiques.

On l'appelle le Roi-Soleil.

Il s'entoure d'une cour très nombreuse, plus de dix mille courtisans; leur seule occupation est d'honorer et de servir le roi. La cour est réglée par l'étiquette qui fixe le rôle précis de chaque courtisan. Quand le roi se lève, un d'entre eux lui présente sa chemise, un autre sa perruque, son costume, son chapeau, et ainsi de suite.

Louis XIV n'aime pas les protestants: il révoque l'édit de Nantes. Comme ils n'ont plus le droit de pratiquer leur religion, trois cent mille protestants quittent la France.

Il aime faire la guerre pour agrandir son royaume. La première guerre contre les Espagnols donne à la France une partie de la

Flandre; après la seconde guerre contre la Hollande, la France annexe la Franche-Comté.[1]

Pour ces guerres et pour sa cour, le roi a besoin de beaucoup d'argent; son premier ministre, Colbert, augmente les impôts et est obligé d'emprunter pour pouvoir payer les dépenses. Il en résulte une grande misère dans toute la France. Pendant l'hiver de l'an dix-sept cent neuf, des dizaines de milliers de paysans meurent de faim et de froid.

Toutefois, le Roi-Soleil a beaucoup contribué à la grandeur de la France. Il donnait des pensions aux artistes et aux écrivains et a ainsi encouragé le développement des arts, de la musique, de la littérature et du théâtre. Pendant le dix-septième siècle, un grand nombre d'écrivains ont contribué à l'évolution de la littérature. Par exemple: Corneille, Racine, Molière, Descartes, La Rochefoucauld, Mme de Sévigné, Mme de La Fayette, Boileau, La Fontaine, Pascal et Saint-Simon. C'est une époque où les lettres et les arts ont connu une exceptionnelle prospérité; c'est pourquoi on appelle cette période "L'Âge d'Or."

C'est aussi sous le règne de Louis XIV que Cavelier de La Salle a exploré la vallée du Mississippi et a fondé la Louisiane.

Questions

1. Où est-ce que Louis XIV avait sa résidence?
2. Pourquoi l'a-t-on surnommé *Le Roi-Soleil?*
3. Pour quelle raison est-ce que plus de trois cent mille protestants ont quitté la France sous son règne?
4. Quels territoires ont été annexés à la France sous Louis XIV?
5. Qu'est-ce qu'a accompli Cavelier de La Salle?
6. Est-ce que Louis XIV a rendu les paysans heureux?
7. Quelles étaient les occupations des courtisans?
8. Qu'est-ce qui réglait le rôle précis de chaque courtisan?
9. Quel roi a dit: "L'État, c'est moi"?
10. Nommez quelques écrivains célèbres du dix-septième siècle.

---

[1] Franche-Comté: *Eastern province which included the departments of Doubs, Jura, Haute-Saône and Belfort territory.*

37

Louis XV et Louis XVI

l'arrière-petit-fils, the great-grandson
autrichien, Austrian
l'avis, the opinion
le bourgeois, the middle-class person
le bourreau, the executioner
comparaître, to appear
convoquer, to summon
la Corse, Corsica
la devise, the slogan, motto

l'état, the state
faible, weak
frivole, frivolous
le gâteau, the cake
le goût, the taste
le mécontentement, the discontent
le mitron, the baker's apprentice
la noblesse, the nobility
le petit-fils, the grandson
supprimer, to suppress
le testament, the will

faire ressortir, to bring out

Louis XV

A la mort de Louis XIV, son arrière-petit-fils devient roi.

Louis XV est nonchalant et paresseux. Comme son prédécesseur, il a des goûts extravagants et aime trop les guerres. Il dit: "Tout cela durera* aussi longtemps que moi ... Après moi, le déluge."

Les deux grandes guerres de Louis XV ont coûté cher à la France. Toutefois, le royaume s'agrandit sous son règne: la Lorraine devient française et la Corse est achetée aux Génois. En Amérique, Québec, Montréal et La Nouvelle-Orléans se développent et deviennent des villes importantes.

Les Français ont d'abord surnommé Louis XV "Le Bien Aimé." Mais bientôt, ils changent d'avis et finissent par le détester. Quand Louis XV est mort, on a été forcé de l'enterrer la nuit, en secret.

Louis XVI

Louis XVI est le petit-fils de Louis XV. Il est bon, mais faible. Il est plein de bonnes intentions, mais ne sait pas gouverner le pays.

---

*durera *(future tense),* will last

Son épouse, Marie-Antoinette, une princesse autrichienne, est belle et charmante, mais frivole.

Dans le pays, le mécontentement du peuple augmente de jour en jour. Les auteurs Voltaire, Rousseau et Montesquieu ont fait ressortir dans leurs œuvres les injustices politiques, sociales et religieuses; leurs idées se propagent en France, en Europe, et même en Amérique où les colons anglais se sont révoltés contre l'Angleterre et luttent pour obtenir leur indépendance. Plusieurs jeunes seigneurs français, qui croient aux idées démocratiques pour lesquelles les Américains se battent, partent en Amérique pour les aider. Le plus notable de ces jeunes seigneurs est le marquis de La Fayette. Louis XVI leur permet de partir, puis déclare la guerre à l'Angleterre et envoie en Amérique une armée commandée par Rochambeau.

Avec les dépenses de guerre et les extravagances de la cour, la France se trouve ruinée.

Louis XVI convoque alors les états généraux pour demander une augmentation des impôts.

"Les états généraux" est le nom du parlement, ou assemblée des députés; ces députés représentent trois groupes sociaux: la noblesse, le clergé et le tiers état.

Le "tiers état," ce sont les bourgeois, les paysans et les artisans, c'est-à-dire la majorité de la population du pays. Les membres de ce parti votent par groupes au lieu de voter par "tête". Cela voulait dire que la noblesse et le clergé votent toujours ensemble et le tiers état n'a aucune voix dans le gouvernement.

La noblesse et le clergé ont certains privilèges qui sont refusés au tiers état; par exemple, ils ne payent pas d'impôts.

Parmi les réformes que le tiers état demandait était l'abolition de ces privilèges. Ils désiraient tous des réformes, et certains d'entre eux voulaient une révolution. Il n'y avait en France, à cette époque, ni liberté, ni égalité.

Les états généraux ayant refusé ces réformes, les députés du tiers état décident de se révolter et se réunissent séparément pour former l'Assemblée constituante.[1]

Cette action fait peur au roi; il appelle aussitôt ses troupes pour

---

[1] **assemblée constituante:** *a committee set up to draw a new constitution.*

La prise de la Bastille

le protéger. C'est alors que les Parisiens, furieux, attaquent la Bastille.

La Bastille était la prison où le roi envoyait les prisonniers politiques. La prise de la Bastille, le quatorze juillet dix sept cent quatre-vingt-neuf, marque le début de la Révolution française.

Les Parisiens vont ensuite à Versailles pour dire au roi qu'ils manquent de pain. D'après les historiens, Marie-Antoinette n'a toutefois jamais dit cette phrase qu'on lui attribue: "Si vous n'avez pas de pain, mangez des gâteaux."

Sur le chemin du retour, la foule crie: "Nous ramenons le boulanger, la boulangère et le mitron." (Le mitron, c'est le dauphin.)

En dix sept cent quatre-vingt-onze, sur les conseils de Marie-Antoinette, le roi décide d'émigrer, c'est-à-dire de s'enfuir de France. Mais il est reconnu sur la route, arrêté et reconduit à Paris.

C'est alors que les révolutionnaires décident d'abolir la monarchie pour la remplacer par un gouvernement républicain, c'est-à-dire démocratique.

Le jour de Noël de l'année suivante, dans la tour du Temple à Paris, un gros homme de trente-huit ans écrit son testament. C'est Louis XVI qui est emprisonné dans ce lieu sinistre depuis quatre mois avec Marie-Antoinette. Dans ce testament, très beau, il pardonne à ses bourreaux et termine par ces lignes célèbres: "Prêt à comparaître devant Dieu, je ne me reproche aucun des crimes qui sont avancés contre moi."

Le vingt et un janvier dix-sept cent quatre-vingt-treize, Louis XVI est guillotiné.

Alarmé par cet événement, les rois d'Europe forment une coalition contre la République française. La République est attaquée de deux côtés: par les armées à l'extérieur, et par les royalistes à l'intérieur du pays.

Pour supprimer les ennemis de la République, Robespierre organise le règne de la Terreur: il fait guillotiner des milliers de gens suspects, y compris la reine Marie-Antoinette.

Le règne de la Terreur ne cesse que lorsque Robespierre lui-même est arrêté et exécuté à son tour.

La nouvelle constitution adoptée en septembre dix-sept cent

quatre-vingt-douze garantit au peuple la liberté de conscience et de religion.

Cette Première République prend pour devise:

LIBERTÉ   ÉGALITÉ   FRATERNITÉ

Questions

1. Quelles étaient les trois catégories de Français qui étaient représentés aux états généraux?
2. Pourquoi est-ce que Louis XVI a convoqué les états généraux?
3. Quel est le roi que les Français ont surnommé "Le Bien Aimé"?
4. Qui était la femme de Louis XVI?
5. Quels étaient les privilèges de la noblesse et du clergé, qui étaient refusés aux bourgeois et aux paysans?
6. Comment est mort Louis XVI?
7. Qu'a-t-il dit dans son testament?
8. Louis XVI était le fils, le petit-fils, ou l'arrière-petit-fils de Louis XV?
9. Quelle est la devise de la Première République?
10. Comment est mort Robespierre?

38

Révision

François I_{er} avait de brillantes qualités, et aussi des défauts. Il était très généreux, chevaleresque, courageux, libertin et tolérant. Il aimait les plaisirs, le luxe et les fêtes. Il aimait réunir autour de lui de nombreux seigneurs qui formaient sa cour. Cette cour était très brillante et très joyeuse. Ce roi de la Renaissance était le roi du "bon plaisir."

Henri IV était très brave, toujours en avant de ses troupes. On raconte qu'avant la bataille d'Arques, il a dit à ses soldats: "Ralliez-vous à mon panache[1] blanc; vous le trouverez toujours sur le chemin de l'honneur."

Louis XIII avait la chance d'avoir le cardinal de Richelieu pour ministre. Il a suivi ses conseils, malgré les intrigues de sa mère, Marie de Médicis. Le cardinal de Richelieu était un grand homme d'État.

Le siècle de Louis XIV est le siècle classique. C'est pendant cette période que la France a produit le plus grand nombre d'écrivains de premier ordre.

Sous Louis XIV, la langue française est devenue presque universelle. Du temps de Henri IV, on ne connaissait que l'italien et l'espagnol. Ce sont les auteurs français qui ont changé cela.

Louis XVI était plein de bonnes intentions, mais faible et pas très intelligent. Une dame de la cour l'a décrit ainsi: "Le roi avait des traits assez nobles, mais un peu tristes; sa démarche[2] était lourde, sa personne négligée, ses cheveux toujours en désordre, sa voix n'avait rien d'agréable. Ce prince avait toutes les qualités du meilleur époux, du père le plus tendre, du maître le plus indulgent."

Mais on pourrait ajouter: il ne savait pas gouverner le pays.

---

[1] **panache:** *plume of feathers on a helmet*
[2] **démarche:** *walk, way of walking*

Mots croisés

Review of vocabulary

Complete the sentences by replacing the dash
by the proper word:

1	2	3	4		5
6				■	
	■	7		■	
	■	8			
9	10			■	
■		■	11		

Horizontal:

1. Louis XV disait: "Après moi, le___."
6. Louis XIV disait: "L'___, c'est moi."
7. Avant le Révolution, il n'y avait ni liberté,___égalité.
8. "Il plante un___pointu, toc, toc, toc.
   Tout en haut du grand mur blanc."
9. A la bataille de Compiègne, Jeanne d'Arc n'a pas été___par les
   Bourguignons, mais faite prisonnière.
11. Louis XIV était très___de lui.

Vertical

1. La prise de la Bastille a marqué le___de la Révolution française.
2. Henri II était le père de François II___de Charles IX.
3. Henri II est mort d'un coup de___dans l'œil.
4. Richelieu a fait d'___réformes.
5. En 1791, Louis XVI a essayé de s'___de France; mais il a été arrêté
   à Varennes et reconduit à Paris.
10. Henri IV a été___des meilleurs rois de France.

39

Napoléon Bonaparte

acquérir, to acquire
annuler, to annul, to cancel
la chute, the downfall
se distinguer, to distinguish
   oneself
étranger, foreign
la faiblesse, the weakness

le feu, the fire
menacer, to threaten
la nourriture, the food
profiter, to take advantage
reculer, to fall back
sembler, to seem

Depuis l'exécution de Louis XVI, de terribles dangers continuent à menacer la nouvelle république: l'Angleterre, la Hollande, l'Espagne, l'Autriche et la Prusse forment une coalition et attaquent la France.

Les armées françaises commencent par être battues: la France perd la Rhénanie[1] et la Belgique; les Autrichiens envahissent la Flandre et les Prussiens l'Alsace. Les Anglais occupent la Corse et Toulon.

Les soldats français défendent la nouvelle république avec héroïsme et bientôt l'invasion étrangère est arrêtée; l'ennemi est forcé de reculer.

Parmi les officiers qui se sont distingués pendant cette lutte, il y en a un qui s'appelle Napoléon Bonaparte.

Ce jeune soldat est né à Ajaccio, dans l'Ile de Corse. Avant la Révolution, Napoléon a servi dans l'armée du roi. A l'âge de vingt-quatre ans, il commande l'artillerie de l'armée républicaine qui reprend Toulon aux Anglais. C'est un génie militaire. Il devient général à l'âge de vingt-six ans et remporte les victoires de Lodi, d'Arcole et de Rivoli en Italie. Il force les Autrichiens à signer la paix de Campoformio qui donne la Belgique à la France.

Après avoir vaincu les Autrichiens, Bonaparte veut forcer les Anglais à signer la paix. Il fait une expédition en Egypte, pensant qu'une fois vainqueur des Egyptiens, il va pouvoir conquérir les colonies anglaises de l'Inde. Il est vainqueur des Egyptiens à

---

[1]**Rhénanie,** *Rhineland*

la bataille des Pyramides, mais les Anglais ayant détruit la flotte française, son armée ne peut quitter l'Egypte.

En France, le gouvernement est dans un état de grand désordre: les royalistes essayent de détruire la république. La France est de nouveau menacée par des coalitions.

Bonaparte quitte secrètement l'Egypte et revient en France. Sa brillante campagne d'Italie et son audacieuse campagne d'Egypte l'ont rendu très populaire. Il est le héros national.

Profitant de sa popularité et de la faiblesse du gouvernement, Bonaparte fait un coup d'État et se fait nommer Premier Consul. Cinq ans après, en dix-huit cent quatre, il est proclamé empereur des Français; il fait venir le pape de Rome pour le sacrer empereur dans la cathédrale de Notre-Dame à Paris et prend le nom de Napoléon 1er.

L'armée de Napoléon 1er est la plus formidable de toutes les armées d'Europe. On l'appelle la Grande Armée. Napoléon commande lui-même son armée. La France a alors à combattre l'Angleterre, l'Autriche, la Prusse et la Russie. Napoléon remporte un grand nombre de victoires. Les plus célèbres sont celles d'Austerlitz, d'Iéna, de Friedland et de Wagram.

Napoléon avait épousé Joséphine de Beauharnais; il fait annuler son mariage pour épouser Marie-Louise, fille de l'empereur d'Autriche.

L'Europe semble alors stabilisée. L'Empire français s'étend du nord de l'Allemagne aux Pyrénées, et de l'océan Atlantique à la Turquie.

Napoléon fait alors l'erreur d'envahir la Russie. Ses soldats occupent Moscou. Les Russes mettent le feu à la ville et détruisent toutes les provisions. Sans nourriture et sans protection contre l'hiver sévère de la Russie, les soldats de la Grande Armée sont forcés de battre en retraite.

Après ce désastre, Napoléon est obligé d'abdiquer; Il part en exil à l'île d'Elbe, dans la Méditerranée, pas loin de la Corse où il est né.

L'un des frères de Louis XVI, le comte de Provence, rentre alors en France et devient roi sous le nom de Louis XVIII. La monarchie est rétablie. On appelle cette période la *Restauration*.

Bientôt, il y a de nouveau un changement de l'opinion publique. Napoléon n'a pas perdu son prestige. Il en profite pour s'enfuir de l'île d'Elbe, débarque en France à Golfe-Juan, près de Nice, et après avoir adressé une magnifique proclamation à ses soldats, prend la route des Alpes avec ses anciens soldats et officiers.

Napoléon mène son armée à travers la France jusqu'en Belgique où il rencontre les Anglais. Cent jours après son retour en France, il est vaincu à la bataille de Waterloo le dix-huit juin, dix-huit cent quinze.

Waterloo marque la chute de Napoléon. Il est forcé d'abdiquer une seconde fois. Il se rend aux mains des Anglais et est envoyé en exil définitivement dans l'île de Sainte-Hélène. Il y meurt six ans plus tard, en dix-huit cent vingt et un.

Napoléon est un des plus grands chefs militaires de toute l'histoire. Ses conquêtes n'ont toutefois pas aidé la France; elle n'a pu garder aucun des pays qu'il avait conquis.

Napoléon était un homme qui possédait plusieurs talents; il était un grand homme d'État. Il a fait beaucoup de bien pour le pays. Il a donné à la France un nouveau code civil, le *Code Napoléon*, qui est encore la base de l'ensemble des lois en France. Il a créé la *Banque de France*, l'*Institut de France*, et de nouvelles écoles secondaires, les *lycées*. Il a conclu un accord avec le pape, appelé le *Concordat*. Il a fondé l'ordre de la *Légion d'Honneur*. Il a encouragé les inventions, développé l'économie de la France, construit des routes et embelli Paris avec de nouvelles avenues et de nombreux monuments.

Questions

1. Où est né Napoléon Bonaparte?
2. Quel âge avait-il lorsqu'on l'a nommé général?
3. Pourquoi a-t-il fait une expédition en Égypte?
4. Qui l'a sacré empereur à la cathédrale de Notre-Dame à Paris?
5. Qui a-t-il épousé?
6. Combien de fois a-t-il abdiqué?
7. Est-ce que les conquêtes de Napoléon ont agrandi la France?
8. Quelle a été sa plus grande défaite?
9. Quels étaient ses talents et qualités?
10. Quels étaient ses défauts?

40

Les derniers rois de France: Louis XVIII, Charles X et Louis-Philippe

ancien, ancient, former	**l'émigré,** a person who left
le citoyen, the citizen	France during the Revolution
court, short	**le neveu,** the nephew
la durée, the duration	**la plupart,** most
élu, elected	

Après la chute de Napoléon 1er. et son départ pour l'île d'Elbe, la royauté est rétablie en France.

Louis XVIII, frère de Louis XVI, prend le pouvoir. Son règne, interrompu par les Cent Jours (c'est-à-dire la période entre le retour de Napoléon Ier de l'île d'Elbe et la défaite de Waterloo) dure neuf ans, de 1815 à 1824.

Louis XVIII a soixante ans quand il devient roi. La plupart des Français ne l'aiment pas beaucoup. Ce n'est pas une royauté absolue, comme du temps de Louis XIV, mais une royauté constitutionnelle[1]: le roi gouverne surtout par ses ministres; il y a une Chambre où les députés sont élus par de riches propriétaires.

A la mort de Louis XVIII, son frère Charles X lui succède.

Charles X veut redonner aux émigrés leurs anciens privilèges. Il fait payer de grosses sommes d'argent comme indemnités aux émigrés et essaye de supprimer une partie des libertés données aux Français par la Révolution. Le peuple se révolte contre ces mesures et en 1830, il y a une nouvelle révolution qui ne dure que trois jours, les 27, 28 et 29 juillet. Ces trois journées sont appelées *Les Trois Glorieuses*.

L'armée du roi essaye d'abord de résister dans Paris, mais elle est finalement forcée d'abandonner la lutte. Charles X est obligé d'abdiquer et s'enfuit en Angleterre.

---

royauté constitutionnelle: *where the king's power is limited by constitution.*

La Révolution de 1830

Les députés choisissent pour successeur au roi son cousin, Louis-Philippe.

Louis-Philippe est souvent appelé "le roi citoyen."

Il mène une vie simple et est sans prétentions. Il est appelé *roi des Français* et non plus roi de France.

Louis-Philippe est très populaire au début de son règne, mais sa popularité est de courte durée. La cause principale du mécontentement du peuple est le refus du roi de modifier la loi électorale: les personnes qui ne payaient pas une somme d'impôts directs importante n'avaient pas le droit de vote; ceci maintenait un régime de privilégiés basé sur la fortune des gens.

Le peuple parisien se révolte de nouveau contre le roi et Louis-Philippe est forcé d'abdiquer. Il s'enfuit en Angleterre, comme l'avait fait Charles X.

Depuis ce jour, la France n'a jamais plus été gouvernée par un roi. La République est proclamée pour la seconde fois et le droit de vote est donné à tous les citoyens de plus de vingt et un ans.

Louis-Napoléon Bonaparte, neveu de Napoléon Ier, est élu président de la *Deuxième République*.

Questions

1. Combien de temps a duré le règne de Louis XVIII?
2. Est-ce que ce roi était populaire?
3. Qu'est-ce qui a interrompu son règne pendant une période de Cent jours?
4. Est-ce que Louis XVIII était le petit-fils de Louis XVI?
5. Qu'est-ce que Charles X a fait qui a causé une révolution?
6. Qui lui a succédé?
7. Pourquoi est-ce que le peuple s'est révolté contre Louis-Philippe?
8. Quel changement a apporté la Deuxième République?
9. Qui a été élu président de la Deuxième République?
10. Qui a été le dernier roi de France?

41

Napoléon III

le besoin, the need
coûteux, costly
l'éclat, the spark, vividness
fusiller, to execute by
  firing squad
la grève, the strike
le patron, the boss

la prise, the taking
le pouvoir, the power, government
le regard, the look, expression
sachant, knowing (verb
  savoir)
le visage, the face

Louis-Napoléon n'est pas satisfait de son titre de président. Comme son oncle, il veut être empereur.

Par un coup d'État, il s'empare du pouvoir et se fait nommer empereur en 1852 sous le nom de Napoléon III.

Comme les derniers rois de France, Napoléon III habite au palais des Tuileries. Sa cour est brillante. Son épouse, l'impératrice Eugénie, célèbre par sa beauté, a une grande influence sur lui.

Les portraits de Napoléon III le montrent toujours avec un visage sombre et un regard sans éclat. Il est pris entre deux désirs contradictoires: il veut la paix pour consolider sa politique intérieure, mais il a besoin de succès pour servir son ambition et son prestige personnel.

Il essaye de satisfaire les ouvriers en leur donnant le droit de grève, c'est-à-dire le droit de cesser le travail s'ils ne sont pas d'accord avec leur patron.

Aidé par le baron Haussmann, il fait agrandir les avenues et modernise Paris.

Il entreprend plusieurs guerres: la guerre de Crimée contre la Russie dont l'événement principal est la prise de Sébastopol où meurent 75,000 soldats français. La guerre d'Italie contre l'Autriche, avec les victoires de Magenta et de Solférino, est aussi très coûteuse. La France contribue ainsi à l'unification de l'Italie; la Savoie et le comté de Nice sont annexés à la France.

Napoléon III fait aussi des expéditions militaires en Asie, en Afrique et en Amérique; ces expéditions sont coûteuses pour la France, mais la plus coûteuse de toutes est la campagne du Mexique. Napoléon III voulait établir un empire français dans le nouveau monde; après avoir envahi le Mexique, les troupes françaises prennent la capitale mexicaine. Napoléon III envoie alors l'archi-duc Maximilien au Mexique; il lui fait croire que le peuple mexi-cain l'a choisi comme empereur. Un an après, Napoléon III a besoin de ses troupes en France et les rappelle. Abandonné par Napoléon, Maximilien ne peut pas se défendre; il est fait prison-nier par Benito Juárez, chef des Mexicains, qui le fait fusiller.

Entre temps, Otto von Bismarck, premier ministre du roi de Prusse, Guillaume Ier, travaille à unir les États de l'Allemagne; pour cela, il lui faut un prétexte pour faire la guerre. Sachant qu'aucun pays européen ne viendra au secours de la France parce que les monarchies européennes ont peur de ce nouveau Napo-léon, Bismarck incite Napoléon III à déclarer la guerre à la Prusse.

Ainsi éclate la guerre franco-prussienne.

L'armée prussienne est beaucoup mieux préparée à la guerre que l'armée française. Les Français sont vaincus en Alsace et en Lorraine; le 1er septembre 1870, Napoléon III et l'armée françai-se sont forcés de capituler à Sedan.

Les résultats de cette guerre sont désastreux pour la France: elle perd l'Alsace et la Lorraine et est obligée de payer une in-demnité de guerre énorme (cinq milliards de francs) à l'Allema-gne.

Cette guerre met fin au second Empire.

Après quatre ans de lutte entre les monarchistes et les républi-cains, la *Troisième République* est proclamée.

Cette Troisième République a duré jusqu'en 1940.

Questions

1. Napoléon III avait deux désirs. quels étaient ces désirs?
2. Est-ce que l'impératrice Eugénie a joué un rôle important dans l'histoire de France?
3. Est-ce que Napoléon III a bien gouverné la France?
4. Pourquoi a-t-il abandonné l'archiduc Maximilien au Mexique?
5. Quelles sont les provinces que la France a perdues après la guerre franco-prussienne?
6. Combien de temps a duré la Troisième République?
7. Quels territoires ont été annexés à la France après la guerre contre l'Autriche?
8. Est-ce que beaucoup de soldats français sont morts pendant la guerre de Crimée?
9. Que savez-vous sur le baron Haussmann?
10. Qui a institué le droit de grève?

42

La première guerre mondiale
Joffre, Foch et Clémenceau

affolé, frantic
août, August
l'arrière, the back
la confiance, the confidence
blessé, wounded
la défaillance, the failing
mondial, world-wide
paisiblement, peacefully
plutôt que, rather than

rappeler, to recall
refouler, to drive back
repousser, to repulse
le répit, the relief, a breathing spell
se reposer, to rest
le salut, the saving, safety
souvent, often
la tranchée, the trench
la veille, the eve

Il ne faut pas s'en faire, it's no use worrying
coûte que coûte, at all cost

En août 1914, une nouvelle guerre éclate entre la France et l'Allemagne. Cette guerre, souvent appelée la "Grande Guerre", est une guerre mondiale. Elle dure quatre ans.

L'Allemagne a pour alliés l'Autriche et la Turquie.

L'Angleterre, et la Russie au début de la guerre, sont les alliés de la France. En avril 1917, les États-Unis déclarent la guerre à l'Allemagne et viennent aider les Alliés.

Au début de la guerre, les Allemands envahissent la France par la Belgique. L'armée française recule jusqu'à la Marne, tout près de Paris. À ce moment le général Joffre les arrête et gagne la bataille de la Marne.

Le général Joffre est un homme dont l'air tranquille et jovial inspire une grande confiance. On l'apelle *papa Joffre*.

Il se reposait et dormait paisiblement aux moments où tout le monde autour de lui était affolé et attendait les résultats d'une bataille dont tout dépendait. Il disait toujours: "Il ne faut pas s'en faire."

La bataille de la Marne a été la grande bataille et le point tournant de la guerre. Après cette bataille, les Allemands n'ont plus avancé et la guerre est devenue une guerre de tranchées.

Le général Galliéni qui commandait l'armée qui devait défendre Paris, a aidé le général Joffre a remporter cette victoire: il

Joffre

Foch

Clémenceau

a réquisitionné tous les taxis de Paris pour transporter son armée à la Marne.

A la veille de la bataille de la Marne, le général Joffre a donné cet ordre à ces troupes:

"Au moment où s'engage une bataille dont dépend le salut du pays, il importe de rappeler à tous que le moment n'est plus de regarder en arrière. Tous les efforts doivent être employés à attaquer et à refouler l'ennemi. Toute troupe qui ne peut plus avancer devra coûte que coûte garder le terrain conquis et se faire tuer sur place plutôt que de reculer. Aucune défaillance ne peut être tolérée."

En 1916, il y a une seconde grande bataille devant Verdun. Pendant quatre mois, les Allemands essayent de prendre cette forteresse qui commande la route de Paris. Les soldats français, sous le commandement du général Pétain, résistent héroïquement. 275.000 soldats français se sont fait tuer en défendant Verdun. Leur mot d'ordre était: "Ils ne passeront[1] pas!"

Cette phrase, devenue célèbre, a été prononcée pour la première fois par Georges Clémenceau, surnommé "Le Tigre". Cet homme énergique avait déjà eu une longue vie politique lorsqu'on l'a rappelé au gouvernement à un moment critique de la guerre. Il avait alors 76 ans. Clémenceau a stimulé les énergies et mis fin au défaitisme à l'intérieur du pays. "Ma politique étrangère, dit-il, c'est de me maintenir en confiance avec nos alliés pour faire la guerre . . . Je continue de faire la guerre, et je continuerai[2] jusqu'au dernier quart d'heure, car c'est nous qui aurons[3] le dernier quart d'heure."

Clémenceau a largement contribué à la victoire. On l'a surnommé "Le Père la Victoire."

Sur ses recommandations, le général Foch est nommé commandant en chef des armées alliées en 1917.

Foch est un ancien officier d'artillerie. Ses cours sur les tactiques de guerre à l'École de Guerre l'ont fait remarquer. C'est le type d'officier français toujours élégant, poli, fier et énergique. Tous les Alliés le respectent. Sous son commandement les Alliés ont gagné la guerre.

---

[1] **passeront,** *future tense of verb* passer.
[2] **continuera,** *future tense of verb* continuer.
[3] **aurons,** *future tense of verb* avoir.

L'armistice du 11 novembre a mis fin à cette guerre.

Ce jour là, Foch envoie l'ordre du jour suivant à ses troupes: "Officiers, sous-officiers, soldats des armées alliées, après avoir arrêté l'ennemi, vous l'avez attaqué sans répit. Vous avez gagné la plus grande bataille de l'histoire et sauvé la liberté du monde. Soyez fiers! La postérité vous garde sa reconnaissance."

La France a eu pendant cette guerre 1 million 400,000 soldats de tués, et 3 millions de blessés.

Le 14 juillet 1919, les troupes alliées victorieuses passent sous l'Arc de Triomphe et descendent les Champs-Élysées, ayant à leur tête les maréchaux Joffre et Foch, et le général Pershing.

Le traité de Versailles, préparé par Clémenceau et signé par le président Wilson, Lloyd George et autres chefs d'État, a rendu l'Alsace et la Lorraine à la France.

(Malheureusement, cela n'a pas été la dernière guerre mondiale "pour sauver la liberté du monde!")

Questions

1. Qui étaient les alliés de la France pendant la première guerre mondiale?
2. Qui était le commandant en chef des armées alliées?
3. Comment est-ce que le général Galliéni a transporté les troupes de Paris à la Marne?
4. Qui a-t-on surnommé "Le Père la Victoire"?
5. Quelle bataille a été le point tournant de la guerre?
6. Quel général disait: "Il ne faut pas s'en faire"?
7. Quand a été signé l'armistice qui a mis fin à la guerre?
8. Pourquoi est-ce que les Français attachaient tant d'importance à Verdun au point de vue stratégique?
9. Quelle était la plus grande bataille de la première guerre mondiale?
10. Quels territoires ont été rendus à la France après la première guerre mondiale?

A TOUS LES FRANÇAIS

La France a perdu une bataille!
Mais la France n'a pas perdu la guerre!

Des gouvernants de rencontre ont pu capituler, cédant à la panique, oubliant l'honneur, livrant le pays à la servitude. Cependant, rien n'est perdu!

Rien n'est perdu, parce que cette guerre est une guerre mondiale. Dans l'univers libre, des forces immenses n'ont pas encore donné. Un jour, ces forces écraseront l'ennemi. Il faut que la France, ce jour-la, soit présente à la victoire. Alors, elle retrouvera sa liberté et sa grandeur. Tel est mon but, mon seul but!

Voilà pourquoi je convie tous les Francais, où qu'ils se trouvent, à s'unir à moi dans l'action, dans le sacrifice et dans l'espérance.

Notre patrie est en péril de mort.
Luttons tous pour la sauver!

VIVE LA FRANCE !

C. de Gaulle.

GÉNÉRAL DE GAULLE

QUARTIER-GÉNÉRAL,
4, CARLTON GARDENS,
LONDON, S.W.1

43

La seconde guerre mondiale

démissioner, to resign
la plage, the beach

prédire, to predict
provisoire, temporary

D'après les termes du traité de Versailles, il était défendu à l'Allemagne de se réarmer; mais, en 1933, Adolphe Hitler devient chancelier, puis dictateur de l'Allemagne, et veut dominer l'Europe.

En quelques années, l'Allemagne a de nouveau une armée puissante.

En 1938 et 1939, l'armée hitlérienne envahit l'Autriche, la Tchécoslovaquie et la Pologne. La France et l'Angleterre déclarent la guerre à l'Allemagne.

La France est mal préparée pour la guerre et est rapidement vaincue par les puissantes divisions motorisées allemandes. Des centaines de milliers de soldats français sont faits prisonniers.

Le maréchal Pétain, qui était alors ministre de la guerre, signe un armistice avec Hitler.

C'est la fin de la Troisième République.

Les Allemands occupent Paris et le nord de la France; puis, finalement, toute la France.

Philippe Pétain a quatre-vingt-quatre ans; c'est un héros de la première guerre où il s'est rendu célèbre par la défense de Verdun; pour ces raisons, un grand nombre de Français ont confiance en lui. Après avoir signé l'armistice, il devient chef de l'État et établit son gouvernement dans la ville de Vichy.

Le 18 juin 1940, le général de Gaulle, qui avait pu quitter la France et venait d'arriver à Londres, adresse à la radio un appel aux Français. Il dit:

"La France a perdu une bataille!

Mais la France n'a pas perdu la guerre!"

Il invite tous les Français, partout où ils se trouvent, à se joindre à lui et à continuer la lutte contre les Allemands. Dans sa fameuse proclamation, il prédit que les États-Unis vont entrer plus tard dans la guerre et vont venir les aider.

Un certain nombre de Français qui ne voulaient pas accepter l'armistice quittent la France et rejoignent le général de Gaulle.

Le général de Gaulle fait son entrée triomphale dans la capitale

Ils forment une armée, appelée *Les Forces Françaises Libres.* Ces Français continuent la guerre contre l'Allemagne avec les Alliés. Plusieurs colonies françaises en Afrique et dans le Pacifique se rallient au général de Gaulle et Brazzaville, en Afrique Équatoriale Française, devient la capitale de la France Libre.

D'autre part, en France, des patriotes forment des *maquis*, ou groupes de la Résistance.

Cette seconde guerre mondiale a duré presque cinq ans, de septembre 1940 à mai 1945. Le débarquement d'une puissante armée alliée, le 6 juin 1944, sur les plages de Normandie, est le grand événement de la guerre qui a permis de libérer l'Europe et qui a mené à la victoire finale.

Le général Eisenhower, commandant en chef des armées alliées, a dit que l'*Armée secrète* (c'est-à-dire la *Résistance* qui comprenait cinq cent mille hommes en 1944) a été une aide indispensable aux armées alliées.

Le 24 août 1944, Paris est libéré. Le Général de Gaulle fait son entrée triomphale dans la capitale, acclamé par la population. Un gouvernement provisoire est établi sous sa présidence.

En janvier 1946, le général de Gaulle décide de démissionner. Une nouvelle constitution est approuvée par le peuple français; la *Quatrième République* est établie. M. Vincent Auriol est élu président.

Les années suivantes ont été une période d'instabilité pendant laquelle il y a eu vingt-et-un changements de gouvernement et de nombreuses crises politiques.

La plus grave de ces crises a été celle du 13 mai 1958, causée par la rébellion en Algérie.

Questions
1. Quand s'est terminée la Troisième République?
2. Combien de temps a duré la seconde guerre mondiale?
3. Qui étaient les alliés de la France?
4. Quand a commencé la Quatrième République?
5. Qu'est-ce qu'a dit le général Eisenhower à propos de la Résistance?
6. Quel grand événement a eu lieu le 6 juin 1944?
7. Qu'est-ce que le général de Gaulle a prédit dans sa fameuse proclamation du 18 juin 1940?
8. Combien d'hommes y avait-il dans l'Armée secrète en 1944?
9. Qu'est-ce que le traité de Versaille, signé en 1919, interdisait à l'Allemagne de faire?

44

Le général de Gaulle

agir, to act	**le poids,** the weight
autant, as much	**profond,** deep
défiler, to march	**rétablir,** to restore
désormais, from now on	**se retirer,** to withdraw
dissoudre, to dissolve	**selon,** according to
le drapeau, the flag	**le tour de force,** feat of strength
élevé, high	**l'usine,** the factory
le fromage, the cheese	**la voix,** the voice, vote
parcourir, to travel over	

En mai 1958, à cause de la guerre d'Algérie, une guerre civile est prête à éclater en France.

M. René Coty, le président de la République, successeur de M. Auriol, propose de faire appel au général de Gaulle pour rétablir l'ordre dans le pays. De Gaulle déclare qu'il ne peut accepter de reprendre le pouvoir qu'avec l'approbation populaire; c'est-à-dire, il veut d'abord qu'on consulte le peuple par un référendum et que la majorité de la population lui demande de revenir au pouvoir et accepte ses conditions. Il demande qu'on lui donne de larges pouvoirs et veut une révision de la constitution.

Une nouvelle constitution est approuvée par un référendum par quatre-vingt pour cent des voix. La *Cinquième République* est proclamée et de Gaulle est élu président de la République en 1959.

Pendant la Cinquième République, la France a connu une période de prospérité. Sa situation économique et son prestige sont très élevés, grâce au général de Gaulle et au Marché Commun, et à la stabilité du gouvernement.

Le général de Gaulle met fin à la guerre d'Algérie. Il institue de nombreuses réformes dont la plus importante est la *décolonisation*. Il change le système militaire de la France, et veut avoir une force atomique. Il constitue pour la France une monnaie solide et une réserve d'or importante. Il crée un rapprochement entre la France et les pays de l'Est et rétablit les relations diplomatiques et commerciales avec la Chine.

Réélu président de la République pour sept ans en 1965 par

une faible majorité (13 millions de voix contre 10 millions), Charles de Gaulle nomme M. Georges Pompidou Premier ministre et charge M. André Malraux des Affaires culturelles.

Le général de Gaulle s'est rendu impopulaire aux États-Unis en s'opposant à l'entrée de la Grande-Bretagne· dans le Marché Commun, en demandant que les troupes américaines de l'O.T.A.N.[1] se retirent de France, en encourageant un mouvement de libération au Canada, et en échangeant ses dollars pour de l'or.

Le 10 mai 1968, à Nanterre, des étudiants organisent une manifestation contre le système universitaire; cette protestation des étudiants gagne toute la France. À Paris, le 16 mai, les étudiants occupent la Sorbonne et le théâtre de l'Odéon; ils établissent des barricades dans le Quartier Latin, brûlent des arbres et des autos et se battent contre la police. Les ouvriers aussi se révoltent. Le nombre des usines occupées par les ouvriers augmente d'heure en heure et bientôt la vie du pays est paralysée par l'arrêt total des services publics. Les étudiants et les ouvriers défilent dans les rues portant les drapeaux rouges des communistes, ou noirs, insignes de l'anarchie. Ils veulent que le général de Gaulle se retire et crient: "Adieu de Gaulle!"

Le 30 mai, le général de Gaulle annonce à la radio française qu'il ne va pas se retirer. Il dit: "Je dissous aujourd'hui l'Assemblée Nationale. J'ai proposé au pays un référendum qui donnait aux citoyens l'occasion de prescrire une réforme profonde de notre économie et de notre université et en même temps de dire s'ils me gardaient leur confiance ou non, par la seule voie acceptable, celle de la démocratie."

Les résultats du référendum montrent que la majorité des Français veulent que Charles de Gaulle reste au pouvoir.

Une année plus tard, il propose de nouvelles réformes: un projet de régionalisation et une réforme du sénat. Il organise un nouveau référendum où les électeurs doivent voter en exprimant par OUI ou par NON leur volonté d'accepter ou de refuser ces réformes. Il déclare que si la majorité des Français votent NON, il se retire.

La plupart des Français voulaient un changement; ils trouvaient que de Gaulle était là depuis trop longtemps. Ils votent donc NON (52 pour cent contre 47 pour cent) aux réformes. Tenant sa parole,

---

[1] O.T.A.N., Organisation du Traité de l'Atlantique du Nord (NATO).

le général de Gaulle annonce aussitôt qu'il démissionne par cette simple phrase: "Je cesse d'exercer mes fonctions de président de la République. Cette décision prend effet aujourd'hui à midi."

Il se retire alors dans sa propriété privée à Colombey-les-Deux-Eglises où il écrit le quatrième volume de ses *Mémoires*.

Le général de Gaulle est mort le 9 novembre 1970.

Un grand nombre de livres ont été écrits sur le général de Gaulle, presque autant que sur Napoléon Bonaparte; toutefois, aucun de ses amis ou collaborateurs ne peut dire: "Je le connais bien et je le comprends." Car Charles de Gaulle n'est pas un homme comme les autres: c'est un géant à plus d'un sens. Il agit de haut et aime les grandeurs.

Son amour pour la patrie, son énergie et son courage sont suprêmes. Les Français lui sont reconnaissants pour avoir sauvé, non seulement l'honneur de la France, mais la France elle-même plus d'une fois.

Le général de Gaulle a toujours respecté le principe de la démocratie, ne voulant jamais accepter le pouvoir sans y avoir été élu par la majorité des Français. Une fois au pouvoir, on lui a souvent reproché sa façon dictatoriale de gouverner. Mais, comme il l'a dit lui-même: "Comment voulez-vous gouverner un pays qui a deux cent quarante-six variétés de fromage!"

Le chemin que la France a parcouru avec de Gaulle est immense. Par une série de tours de force, il l'a successivement remise dans le camp de la victoire durant la guerre et engagée sur le chemin du redressement économique en 1945. Il a institué la décolonisation et a ainsi libéré la France du poids de ses colonies.

En 1962, il a donné à la France une constitution probablement supérieure à celles d'autrefois.

Questions

1. Pourquoi est-ce qu'une guerre civile était prête à éclater en France en mai 1958?
2. Quel est le pourcentage des Français qui ont voté NON en 1969?
3. Sous quelles conditions est-ce que de Gaulle a dit qu'il accepterait de reprendre le pouvoir?

4. Quelle est la proportion, ou pourcentage, des Français qui ont approuvé la constitution de la Cinquième République au référendum de 1958?
5. Quelles réformes ont été faites par le général de Gaulle?
6. Est-ce que le général de Gaulle a été réélu président en 1965 par une grande majorité?
7. Quelles sont les choses faites par le général de Gaulle qui l'ont rendu impopulaire aux États-Unis?
8. Pourquoi est-ce que la majorité des Français a voté NON au référendum de mai 1969?
9. Qui a succédé au général de Gaulle?

La France après de Gaulle

l'adjoint, the assistant
chargé de, in charge of
davantage, more
en dépit de, in spite of
l'épargne, saving
espérer, to hope

l'instituteur, the teacher
le moyen, the means
orgueilleux, proud, conceited
pire, worse
rédiger, to write, compose
le redressement, recovery

la voie, the way, road

Le 15 juin 1969, Monsieur Georges Pompidou, ancien Premier ministre du général de Gaulle, est élu président de la République.

Georges Pompidou est le fils d'un instituteur. Il est né en 1911 à Montboutif, en Auvergne. C'est un homme cultivé, réservé, méditatif, aimable, maître de lui-même. Il aime la poésie et est l'auteur d'une *Anthologie sur la Poésie française* qui semble indiquer qu'il a une prédilection pour Baudelaire.

En 1944, Pompidou enseignait le français, le latin et le grec au Lycée Henri IV à Paris.

Un jour le général de Gaulle dit à René Brouillet, directeur adjoint de son cabinet: "Trouvez-moi un agrégé[1] qui sache écrire . . ."[2]

Brouillet pense tout de suite à Pompidou, son ancien camarade de l'École Normale.

Alors, sans même avoir été présenté au général, Pompidou se trouve chargé de l'Éducation Nationale. Il s'occupe également de la politique intérieure. Les rapports de Pompidou sont si brillants et si bien rédigés que le général en est impressionné. Il décide immédiatement de faire de leur auteur son bras droit.

Un jour de Gaulle lui dit: "Pompidou! Ce nom ne fait pas sérieux. Si vous voulez arriver à quelque chose, il vous faut changer de nom."

En dépit de son nom joyeux, M. Pompidou est allé loin. Il est devenu président de la République.

En 1946, M. Pompidou est nommé maître de requêtes au Conseil d'État. Il y travaille sept ans. En 1947, il est nommé directeur général

---

[1]**agrégé,** *degree obtained after competitive examination entitling one to teach in a university.*

[2]**qui sache écrire,** *who knows how to write, (sache, subj. of savoir).*

de la banque Rothschild frères. Bien vite les Rothschild découvrent qu'ils ont trouvé un génie des finances. Guy de Rothschild parle encore de sa "formidable capacité d'assimilation" en matières financières. Le général de Gaulle revient au pouvoir en 1958. Il prend Pompidou comme Premier ministre en 1962. Il garde ce poste jusqu'en 1968 et en 1969, il est nommé Président à une période difficile: tout va très mal en France: la situation financière de la France est pire qu'elle n'a été depuis longtemps; les ouvriers menacent de nouveau de se mettre en grève et le mécontentement est général.

Dès que M. Pompidou est entré en fonction comme président de la République, il a fait comprendre qu'il allait gouverner la France dans un style très différent de son prédécesseur. La période où le général de Gaulle parlait constamment de la grandeur et du prestige de la France est terminée. M. Pompidou a dit: "La France est un pays qui a joué un grand rôle parce que de Gaulle était là. La position internationale de la France tenait tout entière au prestige du Chef de l'État. La France désormais va être respectée à la mesure de sa puissance industrielle et de sa santé. Il faut que ce pays se décide à vivre selon ses moyens."

Sa première décision a été de dévaluer le Franc, chose que le général de Gaulle avait refusé de faire. Ce n'était pas une décision agréable, ni facile. Cette dévaluation a permis à la France d'exporter davantage. Pour réussir, la dévaluation devait s'accompagner d'un plan de redressement qui, pour l'essentiel, consistait à rétablir l'équilibre budgétaire, à stopper l'inflation et à encourager l'épargne. M. Pompidou a cherché surtout à développer la puissance industrielle de la France.

M. Pompidou sent la nécessité d'une meilleure coopération entre les pays du Marché Commun dans le domaine économique, monétaire, scientifique et technique. Il ne s'oppose pas à l'entrée de l'Angleterre dans le Marché Commun. Il désire de meilleures relations entre la France et les Étas-Unis. Autrement dit, il cherche à créer un climat de compréhension réciproque entre tous les pays.

Le redressement économique de la France est en bonne voie. Mais l'inflation et les problèmes économiques et sociaux demeurent des préoccupations constantes pour le président français jusqu'à sa mort, en avril 1974. Et l'on peut penser que ces problèmes continueront d'être déterminants dans la politique français des dix prochaines années. Avec la disparition du président Pompidou, on assiste probablement à la fin du gaullisme, qui a marqué la vie français pendant plus de quinze ans.

En 1974, pour la première fois depuis 16 ans, les Français ont élu un non-gaulliste comme président du pays. Le nouveau président était Valéry Giscard d'Estaing, leader du Parti indépendant. En même temps, les électeurs ont donné aux gaullistes la majorité à l'Assemblée nationale.

A l'âge plutôt jeune de 48 ans, Giscard d'Estaing a commencé sa présidence de sept années sur un ton de grand optimisme. "Vous serez surpris," a-t-il dit "par l'ampleur et la rapidité du changement."

En ce qui concerne son style personnel, il avait certainement raison. Une semaine après son élection, cet homme jeune et agile se promène sur les Champs-Elysées en simple citoyen pour saluer et faire la connaissance d'autres citoyens. Il dîne chez des Français modestes et reçoit des éboueurs à l'Elysée, le palais présidentiel. Il s'empresse de faire approuver le vote à 18 ans par l'Assemblée nationale.

Néanmoins, le nouveau président n'a pas changé la politique du gouvernement autant qu'on pourrait le croire. Tout d'abord, Valéry Giscard d'Estaing a servi comme ministre des Finances au cabinet du général de Gaulle. Il a été chargé donc de rétablir le franc comme une monnaie stable et digne de confiance. En plus, Giscard d'Estaing a souvent encouragé ses collègues indépendants à l'Assemblée nationale à soutenir les programmes du Général. Pourtant il s'est finalement attiré l'hostilité des gaullistes en soutenant un "Non" contre de Gaulle lors du référendum de 1969.

Pendant sa présidence, Giscard d'Estaing a repris bien des programmes de bien-être social du gouvernement Pompidou; par exemple, en poursuivant d'une façon vigoureuse la construction des hôpitaux, en augmentant les allocations familiales, et en établissant des garderies destinées aux enfants des mères-ouvrières de France. Conscient des problèmes des femmes, Giscard d'Estaing a établi pour la première fois le poste de Ministre pour la Condition Féminine.

Souffrant, elle aussi, de la crise de l'énergie, la France sous Giscard d'Estaing a poursuivi un programme ambitieux de construction de centrales nucléaires—contre l'opposition du Parti socialiste et celle des militants du mouvement écologique du pays. En plus, le gouvernement français a conclu des accords avec plusieurs pays arabes pour l'achat de pétrole en échange d'armes françaises.

Dans le domaine des affaires étrangères, Giscard d'Estaing s'est

montré partisan de la coopération européenne et atlantique. Il a
travaillé, par exemple, pour l'admission de l'Espagne, du Portugal,
et de la Grèce au marché commun européen. Il a souvent participé
à des réunions internationales avec les autres chefs du monde
occidental. En 1979, par exemple, il a été l'hôte d'une conférence
importante tenue à l'île de la Guadeloupe à laquelle sont venus le
Président Jimmy Carter des Etats-Unis, le Premier Ministre James
Callaghan de la Grande Bretagne, et le Chancelier Helmut Schmidt
de l'Allemagne de l'Ouest. Giscard d'Estaing s'est aussi beaucoup
intéressé au destin des pays de l'Afrique. Ses visites à ce continent
ont été fréquentes et fructueuses. En 1979, son projet pour un
"trilogue" entre l'Europe, l'Afrique et le monde arabe a été favora-
blement reçu par bien des leaders des pays africains.

Sous Giscard d'Estaing, les mesures d'austérité prises pour combattre l'inflation en plus des efforts pour augmenter l'efficacité des
industries françaises ont souvent provoqué des grèves—comme celles
déclenchées en 1978 chez Renault, chez Moulinex, dans les chantiers
navals, à la poste, dans les chemins de fer et aux aéroports. Un an plus
tard, il y avait des grèves importantes parmi les employés de la télévision, de la Bourse et des aciéries.

En plus, on a vu des actes intermittents de violence de la part
de ceux qui favorisent l'autonomie politique de régions ethniques
telles que la Bretagne, la Course, et la Provence.

En dépit de ses problèmes, la France sous Giscard d'Estaing a
connu une période plutôt stable et prospère surtout si l'on compare
la France à des pays comme la Grande Bretagne ou l'Italie. Néanmoins, on a beaucoup critiqué Valéry Giscard d'Estaing. On l'a
accusé de devenir froid, orgueilleux, presque monarchique au cours
de sa présidence. Un journal a même parlé d'un "roi sans couronne." Pendant la campagne électorale de 1981, Giscard d'Estaing
a essayé de recréer l'image de "citoyen-président" qui a été la sienne
en 1974. Plus de tapisseries, par exemple, ni de lustres Louis XIV
quand il a parlé aux Français à la télévision!

Mais Giscard d'Estaing n'a pas réussi dans ses efforts de rapprochement avec les votants. L'autre candidat, François Mitterrand, chef du
parti socialiste, pouvait communiquer la confiance aux électeurs.
Après plus de vingt ans de campagnes présidentielles, M. Mitterrand
a réussi à réunir une coalition politique pour obtenir la victoire.
François Mitterrand s'est dissocié des communistes et a convaincu

les Français qu'un vote pour le parti socialiste ne voulait pas dire un accord avec le bloc communiste.

L'arrivée de la gauche au pouvoir constitue le plus profond changement politique en France depuis 23 ans. Ce changement a provoqué une certaine consternation parmi les pays démocratiques de l'ouest. Mais jusqu'à présent les prédictions cataclysmiques dont ils avaient peur ne se sont pas réalisées. Bien sûr, le gouvernment a proposé des changements radicaux. Les deux plus grands changements proposés sont la nationalisation de quelques groupes bancaires et industriels et la décentralisation du pouvoir. La régionalisation mettra fin à deux siècles de centralisation. Cette réforme rendra les régions moins dépendantes de Paris.

D'autres mesures sociales jugées urgentes sont l'augmentation du salaire minimum et la création d'emplois dans la fonction publique. Dans la politique extérieure, M. Mitterrand a confirmé son attachement à l'alliance atlantique.

Personne ne peut prédire jusqu'à quel point le parti socialiste ira dans les modifications sociales, économiques et politiques, mais on peut dire dès maintenant que le changement sera le plus profond que le pays ait connu depuis deux générations.

Questions

1. Pour quelle raison est-ce que le général de Gaulle a choisi M. Pompidou et l'a pris dans son cabinet?
2. Quels sont les postes que M. Pompidou a occupés avant d'être président de la République?
3. Est-ce que M. Pompidou a suivi la même politique que son prédécesseur?
4. Est-ce qu'il s'est opposé, comme le général de Gaulle, à l'entrée de l'Angleterre dans le Marché Commun?
5. Pensait-il que la grandeur et le prestige de la France sont importants pour que les Français soient heureux?
6. Est-ce que les programmes du gouvernement ont changé d'une façon radicale après l'élection de Valéry Giscard d'Estaing? Pourquoi?
7. Comment ce président a-t-il fait preuve de son intérêt à la condition des femmes en France?

8. Comment Giscard d'Estaing a-t-il attiré l'hostilité des Gaullistes en 1969?
9. Quelle attitude Giscard d'Estaing a-t-il adoptée envers les pays de la région atlantique?
10. En général, quelle était la situation de la France sous le gouvernement de M. Giscard d'Estaing?
11. Qu'est-ce que François Mitterrand a pu communiquer aux électeurs français?
12. De quoi les pays démocratiques de l'ouest s'inquiétaient-ils après l'élection du président socialiste?
13. Quels sont deux grands changements proposés par le parti socialiste?
14. Quels effets la décentralisation aura-t-elle sur les régions françaises?
15. Quelle attitude M. Mitterrand prend-il envers l'alliance atlantique?

Révision

Pendant plus de mille ans, la France a tenu un rôle prépondérant dans les affaires européennes et mondiales. Son histoire, comme l'océan, s'étend en une série de flux et de reflux, et il semble que plus bas elle tombe, plus haut elle remonte. Par exemple, la Guerre de Cent Ans a été suivie de la Renaissance et les Guerres de Religion, de l'Age Classique. Il suffit que le pays soit en danger pour que la grande majorité des Français se rallie aux "trois couleurs": Ainsi la Résistance pendant la dernière guerre mondiale a réuni tous les partis politiques et ils ont travaillé ensemble contre les envahisseurs pour la libération. Malheureusement, avec la prospérité, renaît l'esprit de parti qui a tendance à éparpiller les efforts des gouvernants.

Actuellement, le pays est en plein essor économique, industriel et démographique. L'accroissement des naissances crée un déséquilibre maintenant puisque le nombre des travailleurs n'augmente pas encore, mais ce handicap n'est que temporaire car les jeunes vont bientôt commencer à produire. Comme le potentiel du pays est tel que celui-ci pourrait nourrir sans difficulté deux fois plus d'habitants qu'à l'heure actuelle, cette augmentation de la population devrait contribuer à accroître la richesse dans tout le pays.

Malgré ses problèmes financiers et politiques, la France est donc à même de tenir une place enviable dans le monde. Souhaitons qu'il en soit toujours ainsi.

Jeu des grandes figures de l'histoire

Match each description in
column 1 to the name in
column 2.

1	2

(a)
____ a pris possession du
Canada au nom du roi de
France

Lafayette . . . . (___)

(b)
____ a délivré la France de
l'Angleterre.

Napoléon Bonaparte   (___)

(c)___ était commandant en
chef des armées alliées en
1918.

Jeanne d'Arc . . . . (___)

(d)
____ a créé de nombreuses
écoles. Sa taille égalait sept
fois la longueur de son pied.

Charlemagne . . . . (___)

(e)
____ a pris part à la guerre de
l'Indépendance en
Amérique.

Henri II . . . . (___)

(f)
____ a conquis une grande
partie de l'Europe.

Jacques Cartier . . . . . (___)

(g)
____ a épousé Catherine de
Médicis. Ses trois fils lui ont
succédé.

Le général Foch . . . . . (___)

(h)
___ a changé de religion,
une fois devenu roi.

Charles de Gaulle ... (___)

(i)
___ avait pour conseiller, son
barbier. Son règne termine
la période qu'on appelle le
Moyen Âge.

Louis XI . . . . (___)

(j)
___ a défendu la Gaule
contre César.

Henri IV . . . . (___)

(k)
___ a envoyé l'archiduc
Maximilien au Mexique
pour y établir un empire
français.

Vercingétorix . . . . (___)

(l)
___ était le roi de la
Renaissance.

François Ier . . . . (___)

(m)
___ était le dernier roi de
France.

Richelieu . . . . (___)

(n)
___ a créé la Cinquième
République.

Louis-Philippe . . . . . . (___)

(o)
___ a forcé les nobles à
démolir leurs châteaux forts
et leur a défendu de se
battre en duel.

Napoléon III . . . . (___)

TROISIÈME PARTIE

Histoires célèbres

Alphonse Daudet
1840-1897

Alphonse Daudet is often called the "Spirit of Provence" or southern France, where he was born. After his father, a silk merchant, lost his money, Alphonse was unable to pursue his studies and took a job as "pion" at the *Collège d'Arles.* Daudet's story *Le Petit Chose* (1868) is semi-autobiographical and contains details of his unhappy experience as an assistant teacher.

At 18, Daudet went to Paris and worked for a newspaper; he wrote a few plays without much success. His poor health forced him to spend winters in the sunny south, in Corsica and Algeria, where he obtained the material for his writings.

In 1874, his novel *Froment jeune et Risier aîné* was his first success. He soon became one of France's most popular novelists and remains one of the most loved French writers. He had the exuberant imagination typical of French southerners. His collection of short stories, *Lettres de mon Moulin,* written with the help of his friend, the poet Mistral, evoke the charm and legends of Provence.

Daudet was a friend of Émile Zola, Flaubert and the Goncourt brothers. There is no doubt that these great writers influenced him. He was a poet and a Realist with a sense of humor. The delightful adventures of *Tartarin de Tarascon* will live forever.

Daudet wrote his famous story *La dernière Classe* shortly after the Franco-Prussian war, when France lost Alsace and Lorraine.

LA DERNIÈRE CLASSE

par

Alphonse Daudet

—"C'est fini . . . allez-vous en."

Ce matin, je suis en retard pour aller à l'école et j'ai peur d'être grondé, car M. Hamel nous a dit qu'il allait nous interroger sur les participes et je n'en sais pas le premier mot. Un moment, l'idée me vient de manquer la classe et d'aller me promener à la campagne.

Le temps est si chaud, si beau!

On entend chanter les oiseaux dans les bois, et dans le pré Rippert, les Prussiens qui font l'exercice. Tout cela me tente plus que la règle des participes; mais j'ai la force de résister, et je cours bien vite à l'école.

En passant devant la mairie, je vois qu'il y a du monde arrêté devant les affiches. Depuis deux ans, c'est là que nous apprenons toutes les mauvaises nouvelles, les batailles perdues, les réquisitions, les ordres du gouvernement allemand; et je pense sans m'arrêter:

"Qu'est-ce que c'est encore?"

Alors, comme je traversais la place en courant, le forgeron Wachter, qui était là avec son apprenti en train de lire l'affiche, me crie:

—Ne te dépêche pas tant, petit; tu vas y arriver toujours assez tôt à ton école!

Je crois qu'il se moque de moi; j'entre tout essoufflé dans la petite cour de M. Hamel.

D'ordinaire, au commencement de la classe, il y a tant de bruit qu'on entend jusque dans la rue les pupitres ouverts, fermés, les leçons qu'on répète très haut tous ensemble en se bouchant les oreilles pour mieux apprendre, et la grosse règle du maître qui tape sur les tables.

"Un peu de silence!"

Je comptais sur tout ce bruit pour arriver à mon banc sans être vu; mais, justement, ce jour-ci, tout est tranquille, comme un matin de dimanche. Par la fenêtre, je vois mes camarades déjà assis à leurs places, et M. Hamel qui passe et repasse avec la terrible règle en fer sous le bras. Il faut ouvrir la porte et entrer au milieu de ce grand calme. Vous pensez si je suis rouge et si j'ai peur!

Eh bien! non. M. Hamel me regarde sans colère et

---

peur, fear
grondé, scolded

manquer, to miss

pré, meadow
tenter, to tempt
règle, rule
courir, to run

mairie, town-hall
affiche, poster

traverser, to cross
forgeron, blacksmith

Ne te dépêche pas tant, Don't hurry so much

essoufflé, out of breath

bruit, noise
pupitre, desk
se bouchant les oreilles, holding one's hands over one's ears
règle, ruler
taper sur, to bang on

banc, bench

fer, iron

colère, anger

me dit tout doucement:

—Va vite à ta place, mon petit Franz; nous allions **vite,** quickly
commencer sans toi.

Questions

1. Pourquoi est-ce qu'il y avait du monde devant la mairie?
2. Pourquoi est-ce que le petit Franz avait peur d'être grondé?
3. Sur quoi est-ce que M. Hamel va interroger les élèves?
4. Qu'est-ce qui faisait tout ce bruit au commencement de la classe?
5. Qu'est-ce qu'on affichait devant la mairie?

[48]

Je vais tout de suite à mon pupitre. Alors seulement, un peu remis de ma frayeur, je remarque que notre maître a mis sa belle redingote verte, qu'il ne mettait que les jours d'inspection ou de distribution des prix. Du reste, toute la classe avait quelque chose d'extraordinaire et de solennel. Mais ce qui me surprend le plus, c'est de voir au fond de la salle, sur les bancs qui restaient vides d'habitude, des gens du village assis silencieux comme nous, le vieux Hauser avec son tricorne, l'ancien maire, l'ancien facteur, et puis d'autres personnes encore. Tout ce monde-là paraissait triste; et Hauser a apporté un vieil abécédaire qu'il tient ouvert sur ses genoux, avec ses grosses lunettes posées en travers des pages.

Pendant que je m'étonne de tout cela, M. Hamel est monté dans sa chaire, et de la même voix douce et grave dont il m'a reçu, il nous dit:

—Mes enfants, c'est la dernière fois que je vous fais la classe. L'ordre est venu de Berlin de ne plus enseigner que l'allemand dans les écoles de l'Alsace et de la Lorraine . . . Le nouveau maître arrive demain. Aujourd'hui, c'est votre dernière leçon de français. Je vous prie d'être bien attentifs.

Ces quelques mots me bouleversent. Ah! les misérables, voilà ce qu'ils avaient affiché à la mairie.

Ma dernière leçon de français! . . .

Et moi qui sais à peine écrire! Comme je m'en veux maintenant du temps perdu, des classes manquées à courir à travers la campagne. Mes livres que tout à l'heure encore je trouvais ennuyeux, si lourds à porter, ma grammaire, mon histoire sainte me semblent à présent de vieux amis qui me font beaucoup de peine à quitter. C'est comme M. Hamel. L'idée qu'il va partir, que je ne vais plus le voir me fait oublier les punitions, les coups de règle.

Pauvre homme!

C'est en honneur de cette dernière classe qu'il a mis

remis, recovered
frayeur, fright
mis, (past part of mettre)
mettre, to put
redingote, frock-coat
prix, prize
du reste, moreover
solennel, solemn
surprendre, to surprise
fond, back; far end
vide, empty, vacant
silencieux, silent
tricorne, three-cornered hat
maire, mayor
facteur, postman
paraître, to seem
abécédaire, primer
lunettes, glasses
en travers, across

chaire, pulpit

dernier, last

demain, tomorrow

bouleverser, to upset

à peine, hardly
s'en vouloir, to be annoyed with oneself
ennuyeux, boring
lourd, heavy

peine, grief, sadness

punition, punishment

ses beaux habits du dimanche, et maintenant je com-   **habits,** clothes
prends pourquoi ces vieux du village sont venus s'asseoir
au bout de la salle. Cela semble dire qu'ils regrettent   **bout,** end
de ne pas y être venus plus souvent à cette école. C'est
aussi comme une façon de remercier notre maître de
ses quarante ans de bons services, et de rendre leurs
devoirs à la patrie qui s'en allait . . .   **patrie,** (native land)

Questions

1. Quand est-ce que M. Hamel mettait sa belle redingote verte?
2. Qui étaient les personnes assises au fond de la salle sur les bancs qui restaient vides d'habitude?
3. Qu'est-ce que M. Hamel a dit aux élèves pour commencer la classe?
4. Est-ce que les élèves sont contents d'apprendre qu'un nouveau maître arrive demain?

J'étais là de mes réflexions, quand j'entends appeler mon nom. C'était mon tour de réciter. Comme j'ai regretté à ce moment de ne pas pouvoir dire tout au long cette fameuse règle des participes, bien haut, bien clair, sans une faute! Mais je m'embrouille aux premiers mots, et je reste debout à trembler dans mon banc, le cœur gros, sans oser lever la tête. J'entends M. Hamel qui me parle:

s'embrouiller, to become confused
rester debout, to remain standing up
oser, to dare

—Je ne vais pas te gronder, mon petit Franz, tu dois être assez puni... Voilà ce que c'est. Tous les jours on se dit "Bah! j'ai bien le temps. Je peux apprendre demain." Et puis tu vois ce qui arrive... Ah! ç'a été le grand malheur de notre Alsace de toujours remettre son instruction à demain. Maintenant ces gens-là sont en droit de nous dire: "Comment! Vous prétendiez être Français, et vous ne savez ni lire ni écrire votre langue!" Dans tout ça, mon pauvre Franz, ce n'est pas encore toi le plus coupable. Nous avons tous notre bonne part de reproches à nous faire.

malheur, misfortune

sont en droit de, have a right to

coupable, guilty

"Vos parents n'ont pas assez tenu à vous voir instruits. Ils aimaient mieux vous envoyer travailler à la terre ou aux filatures pour avoir quelques sous de plus. Moi-même, n'ai-je rien à me reprocher? Est-ce que je ne vous ai pas souvent fait arroser mon jardin au lieu de travailler? Et quand je voulais aller pêcher des truites, je vous donnais congé..."

pas assez tenu, not cared enough
filature, spinning-mill
sous, pennies
arroser, to water
pêcher, to fish
truite, trout
donner congé, to give a holiday

Alors, d'une chose à l'autre, M. Hamel nous parle de la langue française, disant que c'est la plus belle langue du monde, la plus claire, la plus solide; qu'il faut la garder entre nous et ne jamais l'oublier, parce que, quand un peuple tombe esclave, tant qu'il tient bien sa langue, c'est comme s'il tenait la clef de sa prison... Puis il prend une grammaire et nous lit notre leçon. Je suis tout étonné de voir comme je comprends. Tout ce qu'il dit me semble facile, facile. Je crois aussi que je n'ai jamais si bien écouté et que lui aussi n'a jamais mis autant de patience à ses explications. Je pense qu'avant de s'en aller le pauvre homme veut nous donner tout son savoir, nous le faire entrer dans la tête

esclave, slave
clef, key

explication, explanation

savoir, knowledge

d'un seul coup.

La leçon finie, on passe à l'écriture. Pour aujourd'hui, M. Hamel nous a préparé des exemples tout neufs sur lesquels est écrit en belle écriture ronde: *France, Alsace, France, Alsace.* Cela fait comme des petits drapeaux qui **drapeau,** flag flottent tout autour de la classe. Il faut voir comment chacun s'applique, et quel silence! On n'entend rien que **s'appliquer,** to take pains le grincement des plumes sur le papier. Des hannetons **grincement,** scratching entrent dans la salle de classe: mais personne n'y fait **hanneton,** june bug attention, pas même les tout petits qui s'appliquent à tracer leurs bâtons, avec un cœur, une conscience comme **bâton,** stroke si cela était encore du français ... Sur le toit de l'école, des pigeons roucoulent tout bas, et je me dis en les **roucouler,** to coo écoutant:

"Est-ce qu'on ne va pas les obliger à chanter en allemand, eux aussi?"

De temps en temps, quand je lève les yeux de dessus ma page, je vois M. Hamel immobile dans sa chaire et fixant les objets autour de lui, comme s'il voulait emporter dans son regard toute sa petite maison d'école ... Pensez! depuis quarante ans, il est là à la même place, avec sa cour en face de lui et sa classe toute pareille. Seulement les bancs, les pupitres se sont polis, **toute pareille,** always the same frottés par l'usage; les arbres de la cour ont grandi et **frottés,** rubbed celui qu'il a planté lui-même monte jusqu'au toit. Quelle **ont grandi,** have grown tristesse ça doit être pour ce pauvre homme de quitter toutes ces choses, et d'entendre sa sœur qui va et vient dans la chambre au-dessus, en train de fermer leurs malles! Car ils partent demain, s'en vont du pays pour **malle,** trunk toujours.

Tout de même, il a le courage de nous faire la classe jusqu'au bout. Après l'écriture, nous avons la leçon d'histoire: ensuite les petits chantent tous ensemble le BA BE BI BO BU. Là-bas, au fond de la salle, le vieux Hauser a mis ses lunettes et, tenant son abécédaire à deux mains, il épelle les lettres avec eux. On voit qu'il **épeler,** to spell s'applique lui aussi; sa voix tremble d'émotion, et c'est si drôle de l'entendre que nous avons tous envie de rire et de pleurer. Ah! je m'en souviendrai de cette dernière classe ...

Tout à coup, l'horloge de l'église sonne midi, puis **horloge,** clock l'Angelus. Au même moment, les trompettes des Prussiens qui reviennent de l'exercice éclatent sous nos fenê- **éclatent,** burst out tres ... M. Hamel se lève, tout pâle dans sa chaire. Jamais il ne m'a paru si grand. **m'a paru,** seemed to me

—Mes amis, dit-il, mes, ... je ...

Mais quelque chose l'étouffe. Il ne peut pas achever sa phrase.

étouffer, to choke
achever, to finish

Alors il se tourne vers le tableau, prend un morceau de craie et, en appuyant de toutes ses forces, il écrit aussi gros qu'il peut:

appuyer, to press: to lean

"VIVE LA FRANCE!"

Vive! Long live!

Puis il reste là, la tête appuyée au mur, et, sans parler, avec sa main il nous fait signe:
C'est fini . . . allez-vous-en."

Questions

1. Pourquoi est-ce que M. Hamel n'a pas grondé le petit Franz?
2. Quel a été le grand malheur de l'Alsace?
3. De nos jours, est-ce que les enfants alsaciens apprennent le français à l'école?
4. Qu'est-ce que M. Hamel se reproche?
5. Pour quelles raisons est-ce que le français est "la plus belle langue du monde"?
6. Quels insectes entrent dans la salle de classe?
7. Quel est l'oiseau qui roucoule?
8. Qu'est-ce que M. Hamel à écrit sur le tableau noir?

LE GRAND MICHU

par

Émile Zola

La révolte tournait à la révolution.

Émile Zola
1840-1902

Émile Zola was the son of an Italian emigrant who died when Émile was seven years old. His mother sent him to the *lycée Saint-Louis* in Paris; he was a slow learner and failed the final examinations.

Émile Zola was nearsighted and had a speech defect; his school companions made fun of him. After he left school, he had a hard time trying to make a living in Paris, first working on the docks and then getting a job as a clerk at the *Librairie Hachette*.

In 1865, he became a journalist and wrote articles for *La Tribune, Le Petit Journal, l'Événement* and *Le Figaro*.

He then tried his hand at writing novels. *Thérèse Raquin* had a fantastic sale. Critics of the time said that the book was obscene. Although pretending to be shocked by the scenes he described and the crudeness of his style, people enjoyed reading his books, just as in the same period visitors at the salon of 1865 pretended to be shocked by Manet's nudes.

Zola was the first author to write about the slums and the realities of life. Since Victor Hugo's *Les Misérables,* no one had dared to write about such subjects. His most famous novels are *L'Assommoir* (1877) and *Germinal* (1885).

He showed his courageous love for justice by coming to the defense of captain Alfred Dreyfus, convicted of selling military secrets to Germany. Zola wrote a series of articles called *"J'accuse"* for which he was sentenced to a year's imprisonment; he went to England and did not return to France till 1899, when Dreyfus was given a new trial and declared innocent.

Émile Zola died in 1902, asphyxiated in his apartment by a leaking stove. It has never been known for sure whether he had committed suicide or if it was an accident.

Anatole France rendered him a supreme homage at his death when he wrote: "Il fut pour le moment la voix de la conscience humaine."

50

Un après-midi, à la récréation de quatre heures, le grand Michu me prend à part, dans un coin de la cour. Il avait un air grave.

—Écoute, me dit-il de sa grosse voix, veux-tu en être?

Je réponds sans hésiter: "Oui!" flatté d'être quelque chose avec le grand Michu. Alors il m'explique qu'il a en vue un complot. Les confidences qu'il me fait me causent une sensation délicieuse que je n'ai jamais peut-être sentie depuis. Enfin, je vais entrer dans les folles aventures de la vie, je vais avoir un secret à garder.

Aussi, pendant que le grand Michu me parle, je suis en admiration devant lui. Il m'initie d'une voix un peu rude, comme un conscrit dans lequel on a une médiocre confiance. Cependant, l'air enthousiaste que je dois avoir en l'écoutant, finissent par lui donner une meilleure opinion de moi.

Comme la cloche sonne, quand nous allons tous deux prendre notre place pour entrer en classe, il me dit à voix basse:

—C'est entendu, n'est-ce pas? Tu es des nôtres . . . Tu ne vas pas avoir peur, au moins . . . tu ne vas pas trahir?

—Oh non! C'est juré.

Il me regarde avec dignité avec une vraie dignité d'homme, et me dit encore . . .

—Autrement, tu sais, je ne vais pas te battre, mais je vais dire partout que tu es un traître, et plus personne ne va te parler.

Je me souviens encore de l'effet que m'a produit cette menace. Elle m'a donné un courage énorme. Pour rien au monde ne vais-je le trahir.

J'attendais avec impatience l'heure du dîner. La révolte allait éclater au réfectoire.

Le grand Michu était du Var. Son père, un paysan qui possédait quelques terres, s'est battu en 1851, pendant l'insurrection provoquée par le coup d'État de Louis Napoléon. Laissé comme mort dans une plaine, il a réussi à se cacher. Quand il est revenu, on l'a laissé tranquille. Seulement, depuis ce moment tous les gens du pays l'appelaient "ce brigand de Michu".

Ce brigand, cet honnête homme illettré, a envoyé son

coin, corner

en être, to be one of us

avoir en vue, to have in mind
complot, plot

rude gruff
conscrit, draftee
lequel, whom

cloche, bell
sonner, to ring

entendu, understood
des nôtres, one of us
trahir, to betray

jurer, to swear

autrement, otherwise
traître, traitor

je me souviens, I remember
menace, threat

éclater, to break out
réfectoire, dining hall
Var, department in southern France. on the Mediterranean

brigand, rascal
illettré, illiterate

fils au collège d'A... Nous savions vaguement cette histoire au collège, ce qui nous faisait regarder notre camarade comme un personnage terrible.

Le grand Michu était, d'ailleurs, beaucoup plus âgé que nous. Il avait près de dix-huit ans, bien qu'il n'était qu'en quatrième. Mais on n'osait le plaisanter. C'était un de ces garçons qui apprennent difficilement, qui ne devinent rien; seulement, quand il savait une chose, il la savait à fond et pour toujours. Fort, il régnait en maître pendant les récréations. Avec cela, d'une douceur extrême. Je ne l'ai jamais vu qu'une fois en colère; il voulait étrangler un pion qui nous enseignait que tous les républicains étaient des voleurs et des assassins.

Ce n'est que plus tard, lorsque j'ai revu mon ancien camarade dans mes souvenirs, que j'ai pu comprendre son attitude douce et forte.

Le grand Michu était satisfait au collège, ce qui était pour nous un étonnement. Il n'y avait qu'une chose qui le torturait: la faim. Le grand Michu avait toujours faim.

Je ne me souviens pas d'avoir vu quelqu'un avec tant d'appétit. Lui qui était très fier, il allait quelquefois jusqu'à jouer des comédies humiliantes pour obtenir un morceau de pain, un déjeuner ou un goûter. Élevé en plein air, dans les montagnes, il souffrait encore plus cruellement que nous du peu de nourriture qu'on nous donnait au collège.

C'était là un de nos grands sujets de conversation dans la cour. Nous autres, nous étions des délicats. Je me rappelle surtout une certaine morue à la sauce rousse et certains haricots à la sauce blanche qui étaient le sujet d'une complainte générale. Les jours où ces plats apparaissaient, nous ne cessions de protester. Le grand Michu, par respect humain, criait avec nous, bien qu'il aurait mangé volontiers les six portions de sa table.

Le grand Michu se plaignait seulement de la quantité de la nourriture. Le hasard, comme pour l'exaspérer, l'avait placé au bout de la table, à côté du pion, un petit homme maigre qui nous laissait fumer en promenade.* La règle était que les maîtres d'étude avaient droit à deux portions. Aussi, quand on servait des saucisses, fallait-il voir le grand Michu regarder du coin de l'œil les deux saucisses posées sur l'assiette du petit pion.

---

* In French lycées, the boarders are taken for a long promenade every Thursday and Sunday, under the supervision of the "pion".

plus âgé, older
bien que, although
quatrième, in French schools, the 1st grade is the highest and the 12th the lowest
le plaisanter, to poke fun at him
à fond, thoroughly

douceur, gentleness

étrangler, to strangle
pion, proctor, under-master
voleur, thief

ancien, former

étonnement, surprise

faim, hunger
avoir faim, to be hungry

goûter, snack taken around tea time
plein air, open air

nous autres, we the others

morue, codfish
haricot, bean

plat, dish
apparaissaient, appeared

bien que, although
volontiers, willingly

se plaindre, to complain
hasard, fate

saucisse, sausage
fallait-il voir, you should have seen

—Je suis deux fois plus gros que lui, me dit-il un jour, et c'est lui qui a deux fois plus a manger que moi.

On avait décidé à la fin de nous révolter contre la morue à la sauce rousse et les haricots à la sauce blanche.

Naturellement, les conspirateurs offrent au grand Michu d'être leur chef. Le plan de ces messieurs était d'une simplicité héroïque: ils allaient mettre leur appétit en grève, refuser de manger jusqu'à ce que le proviseur déclare solennellement que la nourriture allait être améliorée. L'approbation que le grand Michu a donné à ce plan est un des plus beaux actes de sacrifice et de courage que j'ai connu. Il a accepté d'être le chef du mouvement avec le tranquille héroïsme de ces anciens Romains qui se sacrifiaient pour la chose publique.

Pensez donc! lui ne désirait pas voir disparaître la morue et les haricots; il ne souhaitait qu'une chose, en avoir davantage. Et on lui demandait de jeûner! Il m'a avoué depuis que jamais cette vertu républicaine que son père lui a enseignée, la solidarité, le dévouement de l'individu aux intérêts de la communauté, n'a été si difficile à pratiquer.

en grève, on strike
proviseur, headmaster

amélioré, improved

Pensez donc! Just think of it

souhaiter, to wish
davantage, more
jeûner, to fast

avouer, to admit

dévouement, devotion

pratiquer, to practice

Questions

1. Quel genre de personne est le grand Michu?
2. Est-ce que son père était royaliste ou républicain?
3. Est-ce que le grand Michu se plaisait au collège?
4. De quoi souffrait-il le plus?
5. Pour quelle raison est-ce que les élèves décident de se révolter?
6. Qu'est-ce qu'un pion?

51

Le soir, au réfectoire, c'était le jour de la morue à la sauce rousse, la grève a commencé avec un ensemble vraiment beau. Le pain seul était permis. Les plats arrivaient, nous n'y touchions pas, nous mangions notre pain sec. Et cela gravement, sans parler à voix basse comme nous en avions l'habitude. Il n'y avait que les petits qui riaient.

Le grand Michu a été superbe. Il est allé, ce premier soir, jusqu'à ne pas manger de pain. Il avait les deux coudes sur la table et regardait dédaigneusement le petit pion qui mangeait.

coude, elbow
dédaigneusement, disdainfully

Cependant, le surveillant avait fait appeler le proviseur qui est entré dans le réfectoire comme une tempête. Il nous demande ce que pouvions reprocher à ce dîner, auquel il a goûté et qu'il déclare exquis.

surveillant, supervisor
tempête, storm

goûter, to taste
exquis, delicious

Alors le grand Michu s'est levé.

—Monsieur, dit-il, c'est que la morue est pourrie, nous ne pouvons pas la digérer.

pourri, rotten

—Ah! bien, crie le petit pion, sans laisser au proviseur le temps de répondre, les autres soirs, vous avez pourtant mangé presque tout le plat à vous seul.

Le grand Michu rougit extrêmement. Ce soir-là on nous a envoyé simplement coucher, en nous disant que le lendemain nous allons avoir sans doute réfléchi.

réfléchir, to reflect

Le lendemain et le surlendemain, le grand Michu a été terrible. Les paroles du maître l'avaient frappé au cœur. Il nous dit que nous étions des lâches si nous cédions. Maintenant il met tout son orgueil à montrer que, lorsqu'il le voulait, il ne mangeait pas.

frapper, to strike
lâche, coward
céder, to cede: to yield
orgueil, pride

Cela a été un vrai martyre. Nous autres, nous cachions tous dans nos pupitres du chocolat, des pots de confiture, jusqu'à de la charcuterie qui nous aidaient à ne pas manger tout à fait sec le pain que nous mettions dans nos poches. Lui, qui n'avait pas un parent dans la ville et qui se refusait d'ailleurs de pareilles douceurs, n'avait que les quelques croûtes qu'il pouvait trouver.

confiture, jam

charcuterie, meat from the delicatessen

tout à fait, entirely

croûte, crust

surlendemain, day after tomorrow

Le surlendemain, le proviseur ayant déclaré que, puisque les élèves refusaient de toucher aux plats, il allait cesser de faire distribuer du pain, la révolte a éclaté au déjeuner. C'était le jour des haricots à la sauce blanche.

Le grand Michu, dont une faim atroce devait troubler la tête, s'est levé brusquement. Il a pris l'assiette du pion qui mangeait de bon appétit et l'a jetée au milieu de la salle; puis il s'est mis à chanter la Marseillaise d'une voix forte. Nous nous sommes tous sentis entraînés. Les assiettes, les verres, les bouteilles ont dansé une jolie danse. Et les pions, enjambant les débris, se sont hâtés de nous abandonner le réfectoire. Le petit pion, dans sa fuite, a reçu sur les épaules un plat de haricots dont la sauce lui a fait une large collerette blanche.

Cependant, il fallait fortifier la place. Le grand Michu est nommé général. il fait mettre les tables les unes sur les autres, devant les portes. Je me souviens que nous avions tous pris nos couteaux à la main. Et on chantait toujours la Marseillaise. La révolte tournait à la révolution. Heureusement on nous a laissé à nous-mêmes pendant trois grandes heures. Il paraît qu'on était allé chercher la garde. Ces trois heures de tapage ont suffi pour nous calmer.

Il y avait au fond du réfectoire deux larges fenêtres qui donnaient sur la cour. Les plus timides ont ouvert doucement une des fenêtres et sont partis. Ils ont été peu à peu suivis par les autres élèves. Bientôt le grand Michu n'avait plus qu'une dizaine d'insurgés autour de lui. Il leur dit alors d'une voix brusque:

—Allez retrouver les autres; il suffit d'avoir un coupable.

Puis, s'adressant à moi qui hésitais, il a ajouté:

—Je te rends ta parole, entends-tu!

Lorsque la garde a enfoncé une des portes, elle a trouvé le grand Michu tout seul, assis tranquillement sur le bout d'une table, au milieu des assiettes cassées. Le soir même, il a été renvoyé à son père. Quant à nous, nous avons profité peu de cette révolte. On a évité bien pendant quelques semaines de nous servir de la morue et des haricots. Puis, ils ont reparu, seulement la morue était à la sauce blanche, et les haricots, à la sauce rousse.

Longtemps après, j'ai revu le grand Michu. Il n'a pas pu continuer ses études. Il cultive à son tour les quelques bouts de terre que son père lui a laissés en mourant.

—J'aurais fait, m'a-t-il dit, un mauvais avocat ou un mauvais médecin, car j'avais la tête bien dure. Pour

l'a jetée, threw it

entraînés, carried away
enjamber, to step over
se hâter, to hasten

fuite, flight

à nous-mêmes, to ourselves

tapage, uproar
ont suffi, were enough

doucement, gently

coupable, culpit

Je te rends ta parole, I release you of your promess
enfoncer, to break open

cassées, broken
Quant à nous, as for us

avocat, lawyer
avoir la tête dure, to be thick-headed

moi, c'est mieux d'être paysan. N'importe, vous m'avez joliment lâché. Et moi qui justement adorais la morue et les haricots!

vous m'avez joliment lâché, you sure let me down

Questions

1. Qu'est-ce que le père du grand Michu lui a enseigné?
2. Qu'est-ce que le grand Michu a dit au proviseur?
3. Qu'est-ce que fait le grand Michu maintenant, est-il médecin ou avocat?
4. Est-ce que le grand Michu aime la morue et les haricots?
5. Comment servait-on les haricots après la révolte, à la sauce rousse ou à la sauce blanche?

LES PÊCHES

par

André Theuriet

Il n'y avait pas un moment à perdre.

André Theuriet
1833-1907

Claude Adhémar André Theuriet was a very popular writer in his day. He was born at Marly-le-Roy, near Versailles, in 1833. He wrote novels and poetry. His novels *Raymonde, Sauvageonne, Les Maugars* and *La Maison des deux Barbeaux* give a good picture of family life in the provinces. His style is clear, precise and of exquisite taste.

As a poet, he was known as "le poète des bois et de la campagne."

André Theuriet was a member of the French Academy. It is interesting to note that that honor was never bestowed on Guy de Maupassant, Alphonse Daudet or Émile Zola.

However, André Theuriet's books are rarely read nowadays and most of them are out of print. He is known mainly for one short story, *Les Pêches,* which made him famous for all time.

52

La première fois que j'ai revu, après vingt-cinq ans, mon vieux camarade Vital Herbelot, c'était dans un banquet des anciens élèves d'un lycée de province où nous avions fait nos études. Ces sortes de réunions se ressemblent presque toutes: poignées de mains, questions sur ce que chacun fait maintenant et surprise de voir les changements apportés par les années dans les physionomies et les fortunes.

poignée de main, handshake

physionomies, features, faces

J'étais surpris de trouver un Vital Herbelot tout différent du garçon dont j'avais gardé souvenir. Je l'avais connu maigre, timide et réservé; il avait toutes les qualités d'un jeune fonctionnaire qui veut faire son chemin dans l'administration où sa famille l'a placé. Je revoyais un gaillard solide, à la figure bronzée par le soleil. Avec ses cheveux coupés en brosse, son costume de drap anglais, sa barbe grise, il avait dans toute sa personne quelque chose d'aisé, qui n'était pas celui d'un fonctionnaire.

maigre, thin

fonctionnaire, civil servant
faire son chemin, to make one's way
gaillard, husky fellow
bronzée, tanned
coupés en brosse, like a brush, crew-cut
drap, cloth
aisé, free, natural

"Ah! ça, lui demandai-je, qu'es-tu devenu? N'es-tu plus dans l'administration?

qu'es-tu devenu? what has become of you?

—Non, mon ami, me répond-il, je suis tout simplement cultivateur... J'exploite à deux kilomètres d'ici, à Chanteraine, une propriété assez importante, où je cultive des vignes et en fais un petit vin dont je vais te faire goûter.

propriété, property
je vais te faire goûter, I am going to make you taste

—En vérité, dis-je, toi, fils et petit-fils de bureaucrates, toi qu'on donnait comme le modèle des employés et auquel on prédisait un brillant avenir, tu as abandonné ta carrière?

prédisait, predicted
avenir, future

—Mon Dieu, oui.
—Comment cela est-il arrivé?
—Mon cher, réplique-t-il en riant, les grands effets sont souvent produits par les causes les plus futiles... J'ai donné ma démission pour deux pêches.

donner sa démission, to resign
pêche, peach

—Deux pêches?
—Ni plus, ni moins, et quand nous aurons pris le café, si tu veux m'accompagner jusqu'à Chanteraine, je vais te dire cela.

ni plus ni moins, no more no less

Après le café, nous avons quitté la salle du banquet

et tandis qu'en fumant un cigare nous marchions le long du canal, par une tiède après-midi de la fin d'août, mon ami Vital a commencé son récit:

—Tu sais, me dit-il, que mon père, vieil employé, ne voyait rien de comparable à la carrière des bureaux. Aussi, après avoir fini mes études au lycée, on m'a mis comme employé dans l'administration paternelle. Je n'avais pas de vocation bien déterminée et je me suis engagé docilement sur cette banale grande route de la bureaucratie, où mon père et mon grand-père avaient lentement, mais sûrement cheminé. J'étais un garçon laborieux, discipliné, élevé dans le respect des employés supérieurs et la déférence qu'on doit aux autorités; j'ai donc été bien noté par mes chefs et j'ai conquis rapidement mes premiers grades administratifs. Quand j'ai eu vingt-cinq ans, mon directeur m'a pris en affection, m'a attaché à ses bureaux; mes camarades m'enviaient. On parlait déjà de moi comme d'un futur employé supérieur et on me prédisait le plus bel avenir. C'est alors que je me suis marié. J'ai épousé une jeune fille très jolie, et, ce qui vaut mieux, très bonne et très aimante,—mais sans fortune. C'était une erreur grave aux yeux du monde des employés dans lequel je vivais. On y est très positif, on ne voit guère dans le mariage qu'une bonne affaire et on y prend volontiers pour règle que "si le mari apporte à déjeuner, la femme doit apporter le dîner." Ma femme et moi, nous avions à peine à nous deux de quoi souper. On criait très fort que j'avais fait une sottise. Plus d'un brave bourgeois de mon entourage disait que j'étais fou et que je gâchais à plaisir une belle situation. Mais comme ma femme était très gentille et avait un bon caractère, comme nous vivions modestement, et qu'à force d'économies nous réussissions à joindre les deux bouts, on a cessé de me critiquer et la société locale a continué à nous accueillir.

tandis que, while
tiède, lukewarm
récit, story

lentement, slowly
cheminer, to follow one's way
élevé, brought up

bien noté, in good repute, in good esteem

sans fortune, with no money

ne . . . guère, scarcely
bonne affaire, good business
volontiers, willingly

sottise, foolish act
gâcher, to spoil
à plaisir, for the pleasure of it

gentille, sweet
à force de, by means of

joindre les deux bouts, to join both ends
accueillir, to welcome, to receive graciously

Questions

1. Où est-ce que l'auteur a revu son vieux camarade?
2. Avait-il beaucoup changé?
3. Que faisait-il maintenant?
4. Quelle avait été l'occupation de son père et de son grand-père?
5. Où est la propriété de Vital Herbelot?
6. Qu'est-ce qu'il y cultive?
7. Portez-vous les cheveux coupés en brosse?

[53]

Mon directeur était riche, il aimait le théâtre, recevait souvent, donnait de superbes dîners et de temps en temps invitait à une sauterie les familles des fonctionnaires et des notables de la ville. À cette époque, ma femme très souffrante était obligée de rester à la maison, et bien que j'aime lui tenir compagnie, j'étais obligé d'assister aux réceptions habituelles, car mon chef n'admettait pas qu'on décline ses invitations, et chez lui, ses employés devaient s'amuser par ordre.

Un soir, il y a eu un grand bal à la direction; il me fallait donc mettre mon habit noir et y aller.

À l'heure du départ, ma femme me dit: "Cela va être très beau ... N'oublie pas de bien regarder afin de tout me raconter en détail: les noms des dames qui sont à la soirée, leurs toilettes et le menu du souper ... Car il y a un souper; il paraît qu'on a fait venir de Paris quantité de bonnes choses ... des primeurs; on parle de pêches qui ont coûté trois francs pièce ... Oh! ces pêches! ... Sais-tu! si tu étais gentil, apporte-moi une de ces pêches ..."

J'ai essayé de lui faire comprendre que la chose était peu pratique et combien il était difficile à un monsieur en habit noir d'introduire un de ces fruits dans sa poche sans risquer d'être vu et mis à l'index ... Plus j'élevais des objections et plus elle s'entêtait dans sa fantaisie.

"Rien de plus facile au contraire! ... Au milieu du va-et-vient des soupeurs, personne ne regarde ... Tu en prends une comme pour toi et tu la dissimules adroitement ... Ne hausse pas les épaules! ... C'est vrai, c'est un enfantillage, mais c'est si peu ce que je te demande ... Promets-moi de m'en rapporter au moins une, jure-le moi! ...

Le moyen d'opposer un refus catégorique à une jeune femme qu'on aime, qui, à peine convalescente, va passer seule la soirée et penser à celles qui dansent là-bas! ...

J'ai fini par murmurer une promesse vague et me suis hâté de partir, mais au moment où je prenais le bouton de la porte, elle m'a rappelé. J'ai vu son beau visage pâle, ses grands yeux bleus tournés doucement

vers moi, et elle me dit encore avec un sourire:
"Tu me le promets?..."

Un très beau bal: des fleurs partout, des toilettes fraîches, un orchestre excellent. Le préfet, le président du tribunal, les officiers de la garnison, tout le dessus du panier. Mon directeur avait tout fait pour donner de l'éclat à cette fête dont sa femme et sa fille faisaient gracieusement les honneurs. À minuit, on a servi le souper et, par couples, les danseurs ont passé dans la salle du buffet. J'y suis allé, et, à peine entré, j'ai aperçu, en belle place, au milieu de la table, les fameuses pêches envoyées de Paris.

garnison, garrison, local troops
panier, basket
dessus du panier, top society
donner de l'éclat, give some splendour

à peine, barely

Elles étaient magnifiques, les pêches! Disposées en pyramide dans une corbeille de porcelaine, espacées et séparées par des feuilles de vigne. Rien qu'à les voir, on devinait leur fine saveur parfumée. Elles excitaient l'admiration générale; plus je les contemplais, plus mon désir prenait la forme d'une idée fixe, et plus fort était ma résolution d'en prendre une ou deux. Mais comment? Mon directeur s'était réservé le plaisir d'offrir lui-même ses pêches à quelques privilégiés. De temps en temps, sur un signe de mon chef, un maître d'hôtel prenait une pêche délicatement, la coupait à l'aide d'un couteau à lame d'argent, et présentait les deux moitiés sur une assiette de Sévres à la personne désignée. Quand les soupeurs, rappelés par un prélude de l'orchestre, se sont précipités dans le salon, il restait encore une demi-douzaine de belles pêches sur le lit de feuilles vertes.

corbeille, basket
espacées, spaced out
Rien qu'à les voir, by just looking at them

lame, blade
moitié, half

J'ai suivi la foule, mais ce n'était qu'une fausse sortie. J'ai laissé mon chapeau dans un coin près de la porte— un chapeau haut de forme qui m'a considérablement embarrassé pendant toute la soirée. Je suis rentré sous prétexte de le reprendre et, comme j'étais un peu de la maison, les domestiques n'ont pas fait attention à moi. D'ailleurs ils étaient occupés à transporter à l'office les assiettes et les verres qui avaient servi aux soupeurs, et à un certain moment, je me suis trouvé seul près du buffet. Il n'y avait pas une minute à perdre. Après un coup d'œil rapide à droite et à gauche, je me suis approché de la corbeille, j'ai fait rouler prestement deux pêches dans mon chapeau, puis—très calme en apparence, très digne, bien que j'avais un affreux battement de cœur—j'ai quitté la salle à manger en appliquant l'orifice de mon chapeau contre ma poitrine, l'y maintenant à l'aide de ma main droite passée dans l'ouverture de mon gilet, ce qui me donnait une pose très majes-

foule, crowd
fausse sortie, sham exit

chapeau haut de forme, top-hat

office, pantry

rouler, to roll
prestement, quickly

affreux, frightful
battement, beating

orifice, opening
poitrine, chest

gilet, waistcoat

tueuse et presque napoléonienne.

Mon projet était de traverser doucement le salon, de m'esquiver à l'anglaise, et, une fois dehors, de rapporter victorieusement les deux pêches enveloppées dans mon mouchoir.

traverser, to cross
s'esquiver à l'anglaise, to take French leave
enveloppées, wrapped
mouchoir, handkerchief

Questions

1. Qu'est-ce que la femme de Vital Herbelot lui a demandé de faire?
2. Pourquoi est-ce qu'elle n'est pas allée au bal?
3. D'où venaient les pêches?
4. Étaient-elles belles?
5. Dans quoi est-ce que Herbelot les a cachées?
6. Comment dit-on en français: "To take French leave"?

La chose n'était pas aussi facile que je l'avais pensé. On venait de commencer le cotillon. Tout autour du grand salon il y avait un double cordon d'habits noirs et de dames mûres, entourant un second cercle formé par les chaises des danseuses; puis, au milieu, un large espace vide où valsaient les couples. C'était cet espace qu'il me fallait traverser pour arriver à la porte de l'antichambre.

J'ai passé timidement entre les groupes, je serpentais entre les chaises avec la souplesse d'une couleuvre. Je tremblais à chaque instant qu'un brutal coup de coude dérange la position de mon chapeau et que les pêches tombent. Je les sentais balloter dans l'intérieur du chapeau, et j'avais chaud aux oreilles et aux cheveux. Enfin, après bien des peines et bien des transes, je suis entré dans le cercle au moment où on organisait une nouvelle figure: la danseuse est placée au centre des danseurs qui exécutent autour d'elle une ronde en lui tournant le dos; elle doit tenir un chapeau à la main et en coiffer au passage celui des cavaliers avec lequel elle désire valser. À peine avais-je fait deux pas, que la fille de mon directeur, qui conduisait le cotillon avec un jeune conseiller de préfecture, s'écrie:

"Un chapeau! Il nous faut un chapeau!"

En même temps elle m'aperçoit avec mon chapeau de forme collé sur ma poitrine; je rencontre son regard et tout mon sang se fige . . . je pâlis . . .

"Ah! me dit-elle, vous arrivez à point, monsieur Herbelot! . . . Vite, votre chapeau! . . ."

Aussitôt, elle s'empare de mon chapeau . . . si brusquement que, du même coup, les pêches roulent sur le parquet.

Tu vois d'ici le tableau. Les danseuses riaient, mon directeur fronçait des sourcils, les gens graves chuchotaient en me montrant du doigt, et je sentais mes jambes fléchir . . .

La jeune fille éclate de rire en me rendant mon chapeau:

---

cotillon, dance characterized by many intricate figures and variations & changing of partners
cordon, line
mûres, mature

valser, to waltz

serpenter, to wind one's way

couleuvre, grass snake

balloter, to rattle

avoir chaud, to be hot
enfin, finally
transe, fright

ronde, dance in a ring

coiffer, to put on the head

pas, step

collé, stuck to

mon sang se fige, my blood freezes
à point, just in time

s'emparer de, to get hold of

parquet, floor

froncer des sourcils, to frown
chuchoter, to whisper

fléchir, to give away

éclater de rire, to burst out laughing

"Monsieur Herbelot, me dit-elle d'une voix ironique, ramassez donc vos pêches!"

ramasser, to pick up

Les rires partent de tous les coins du salon, les domestiques eux-mêmes se tenaient les côtes, et, pâle, hagard, chancelant, je m'enfuis, plein de confusion; j'étais si affolé que je ne trouvais plus la porte, et je suis parti, tout triste, conter mon désastre à ma femme.

se tenaient les côtes, held their sides from laughing
chanceler, to be shaky on one's legs
s'enfuir, to flee
affolé, frantic

Le lendemain, l'histoire courait la ville. Quand je suis entré dans mon bureau, mes camarades m'ont accueilli par un: "Herbelot, ramassez vos pêches!..." qui m'a fait monter le rouge au visage. Je ne pouvais pas faire un pas dans la rue sans entendre derrière moi une voix moqueuse murmurer: C'est le monsieur aux pêches!..." La place n'était plus tenable, et huit jours après, j'ai donné ma démission.

courait la ville, spread around town

moqueuse, jeering

pas tenable, unbrearable

Un oncle de ma femme exploitait une propriété aux environs de ma ville natale. Je lui ai demandé de me prendre comme assistant. Il y a consenti et nous nous sommes installés à Chanteraine ... Que te dire encore? ... Il paraît que j'avais plus de vocation pour la culture que pour les paperasses, car je suis devenu en peu de temps un agriculteur sérieux. Le domaine a prospéré si bien qu'à sa mort notre oncle nous l'a laissé par testament.

exploitait, managed; ran
ville natale, birth-place

paperasses, paper work

Questions

1. Qu'est-ce que la jeune fille a dit à monsieur Herbelot, d'un ton ironique, quand les pêches sont tombées par terre?
2. Comment appelait-on Herbelot après cette triste aventure?
3. Pourquoi a-t-il donné sa démission?
4. Pensez-vous qu'une pareille aventure peut arriver aux États-Unis?

Guy de Maupassant
1850-1893

No French writer has surpassed Maupassant in the art of writing short stories; he did it with perfection and his stories are considered classics. It is true that he had as a master one of France's greatest writers: Gustave Flaubert, the author of *Madame Bovary*.

Maupassant was born in Normandy at the château de Miromesnil, near Dieppe. He was educated at the seminary of Yvetot and later at the *lycée* of Rouen.

He often spent his Sundays at Flaubert's country house near Rouen; Flaubert was a childhood friend of his mother's.

During the Franco-Prussian war of 1870, Maupassant was drafted and served as a private in the *Gardes Mobiles*. After that, he became a civil servant and worked at the *Ministère de la Marine* and the *Ministère de l'Instruction Publique*. It was during that period of his life that he was able to observe his bureaucrat colleagues and get the material for many of his short stories, such as *La Parure*.

Under Flaubert's direction who corrected his copy, Maupassant started writing short stories for the Paris newspapers. *Boule de Suif*, published in 1880, made him famous overnight. From 1880 to 1891, he wrote about three hundred short stories and six novels.

Maupassant's stories, like those of O'Henry, nearly always have a surprise ending.

During the last years of his life, Maupassant was conscious of the fact that he was losing his mind. His brother Hervé had already become insane. Guy de Maupassant's condition became worse and worse and he died in Doctor Blanchard's house for mental patients in 1893.

LA PARURE

par

Guy de Maupassant

Elle n'avait plus son collier autour du cou.

55

C'était une de ces jolies et charmantes jeunes filles, née comme par une erreur du destin dans une famille d'employés. Elle n'avait pas de dot, pas d'espérance, aucun moyen d'être connue, comprise, aimée, épousée par un homme riche et distingué; elle s'était laissée marier avec un petit employé du ministère de l'Instruction publique.

née, born
destin, fate
dot, dowry

Elle était simple, ne pouvant dépenser de l'argent pour s'habiller, mais malheureuse comme une déclassée; car les femmes n'ont pas de caste ni de race, leur beauté, leur grâce et leur charme leur servant de naissance et de famille; leur finesse native, leur instinct d'élégance, leur souplesse d'esprit sont leur hiérarchie et font des filles du peuple les égales des plus grandes dames.

déclassée, person rejected by her own class
naissance, birth
souplesse, adaptability
égales, equals

Elle souffrait sans cesse, se sentant née pour toutes les délicatesses et tous les luxes. Elle souffrait de la pauvreté de son logement, de la misère des murs, de la laideur de ses meubles. Toutes ces choses, dont une autre femme de sa caste ne se serait pas aperçue, la torturaient et l'indignaient. La vue de la petite Bretonne qui faisait son humble ménage éveillait en elle des regrets et des rêves. Elle songeait aux antichambres somptueux et élégants, décorés de tentures orientales, éclairés par de hauts chandelliers et aux grands valets en culotte courte, qui dorment dans les larges fauteuils, assoupis par la chaleur du calorifère. Elle songeait aux grands salons aux murs couverts de soie ancienne, aux meubles fins portant des bibelots inestimables, aux petits salons coquets, parfumés, faits pour la causerie de cinq heures avec les amis les plus intimes, les hommes connus et recherchés dont toutes les femmes envient et désirent l'attention.

laideur, ugliness
meuble, piece of furniture
ne se serait pas aperçue, would not have noticed
ménage, housekeeping
éveiller, to awake
songer, to dream
tentures, hangings
culotte, knee-breeches
assoupis, drowsy
calorifère, central heating
bibelot, trinklet
coquet, stylish, coquettish
parfumé, perfumed
causerie, chat
recherchés, much sought after

Quand elle s'asseyait pour dîner devant la table ronde couverte d'une nappe de trois jours, en face de son mari qui découvrait la soupière en déclarant: "Ah! le bon pot-au-feu! je ne sais rien de meilleur que cela . . ." elle songeait aux dîners fins, aux argenteries brillantes, aux

nappe, table-cloth
soupière, soup-tureen
argenterie, silverware

tapisseries peuplant les murs de personnages anciens et d'oiseaux étranges au milieu d'une forêt de féérie; elle songeait aux plats exquis servis en des vaisselles merveilleuses, aux galanteries chuchotées et écoutées avec un sourire de sphynx, tout en mangeant la chair rose d'une truite ou des ailes de poulet.

féérie, fairyland

vaisselle, plates and dishes

chuchotées, whispered

chair, flesh

truite, trout

Elle n'avait pas de toilette, pas de bijoux, rien. Elle n'aimait que cela; elle se sentait faite pour cela. Elle aurait tant désiré plaire, être enviée, être séduisante et recherchée.

toilette, dress. outfit

bijou, jewel

Elle avait une amie riche, une camarade de couvent, qu'elle ne voulait plus aller voir, tant elle souffrait en revenant. Et elle pleurait des jours entiers de chagrin, de désespoir et de détresse.

pleurer, to cry

Questions

1. Pourquoi est-ce que cette jeune femme était malheureuse?
2. À quoi songeait-elle?
3. Pourquoi ne voulait-elle plus aller voir son amie riche?

Un soir son mari est rentré, l'air glorieux, en tenant
à la main une large enveloppe.

—Tiens, dit-il, voici quelque chose pour toi.

Elle ouvre vivement l'enveloppe et en tire une carte
d'invitation qui porte ces mots:

"Le ministre de l'Instruction publique et Mme Georges Ramponneau prient M. et Mme Loisel de leur faire
l'honneur de venir passer la soirée à l'hôtel du ministre,
le lundi 18 janvier."

Au lieu d'être enchantée, comme l'espérait son mari,
elle jette l'enveloppe sur la table disant:

—A quoi bon est cela!

—Mais, ma chérie, je pensais que tu serais contente.
Tu ne sors jamais et c'est une occasion, cela, une belle!
J'ai eu une peine infinie à l'obtenir. Tout le monde en
veut; c'est très recherché et on n'en donne pas beaucoup
aux employés.

Elle le regarde d'un œil irrité et elle déclare avec
impatience:

—Tu sais bien que je n'ai rien à me mettre sur le
dos pour aller là.

Il n'y avait pas songé; il lui dit:

—Mais la robe avec laquelle tu vas au théâtre. elle
me semble très bien, à moi . . .

Il se tait stupéfait en voyant que sa femme pleurait.

—Qu'as-tu? qu'as-tu?

Par un effort violent, elle se contrôle et lui répond
d'une voix calme en essuyant ses joues humides:

—Rien. Seulement je n'ai pas de toilette et par consé-
quent je ne peux pas aller à cette fête. Donne ta carte
à quelque collègue dont la femme est mieux habillée
que moi.

Elle est désolée. Il lui dit:

—Voyons, Mathilde. combien est-ce que cela coûte
une toilette convenable qui peut servir encore en d'autres occasions, quelque chose de très simple?

Elle réfléchit quelques secondes, tâchant d'estimer ce
que coûte une robe en songeant à la somme qu'elle
peux demander sans s'attirer un refus et une exclama-

---

vivement, quickly

hôtel, mansion. private house

jeter, to throw
À quoi bon, of what use

peine infinie, infinite trouble
en veut, wants some

Qu'as-tu? what is the matter
with you?

essuyer. to wipe

coûter, to cost
convenable, suitable

réfléchir, to reflect. to think
tâcher, to try

sans s'attirer, without bringing
upon herself

tion effarée du fonctionnaire économe.

—Je ne sais pas au juste, mais il me semble qu'avec quatre cents francs, je peux arriver.

Il pâlit un peu, car il réservait juste cette somme pour acheter un fusil et s'offrir une partie de chasse l'été suivant dans la plaine de Nanterre, avec quelques amis qui allaient chasser par là, le dimanche.

Il dit cependant:

—Soit! Je te donne quatre cents francs. Mais tâche d'avoir une belle robe.

Le jour de fête approchait et Mme Loisel semblait triste, inquiète, anxieuse. Sa toilette était prête cependant. Son mari lui dit un soir:

—Qu'as-tu? Voyons, tu es toute drôle depuis trois jours.

Et elle répond:

—Cela m'ennuie de n'avoir pas un bijou, pas une pierre, rien à mettre sur moi. J'aurai l'air misère comme tout. J'aimerais presque mieux ne pas aller à cette soirée.

Il lui dit:

—Mets des fleurs naturelles! C'est très chic en cette saison-ci. Pour dix francs, tu peux avoir deux ou trois roses magnifiques.

Elle n'était pas convaincue.

—Non... il n'y a rien de plus humiliant que d'avoir l'air pauvre au milieu de femmes riches.

—Que tu es bête! Va trouver ton amie Mme Forestier et demande-lui de te prêter des bijoux. Tu es assez intime avec elle pour faire cela.

—C'est vrai! C'est une bonne idée.

Le lendemain, elle va chez son amie et lui conte sa détresse.

Mme Forestier va vers son armoire à glace, prend un large coffre, l'apporte, l'ouvre, et dit à Mme Loisel:

—Choisis, ma chère.

Elle voit d'abord des bracelets, puis un collier de perles, puis une croix vénitienne, or et pierreries d'un admirable travail. Elle essaye les parures devant la glace, hésite, ne pouvant se décider à les quitter, à les rendre. Elle demande toujours:

—Tu n'as rien d'autre?

—Mais si. Cherche. Je ne sais pas ce qui peut te plaire.

Tout à coup elle découvre dans un écrin de satin noir une superbe collier de diamants; et son cœur se met à battre d'un désir immodéré. Ses mains tremblent en le prenant. elle l'attache autour de son cou et demeure

---

effarée, startled

au juste, exactly

fusil, gun
partie de chasse, shooting party

Soit! so be it! very well!

inquiète, worried

chic, elegant

bête, foolish
prêter, to lend

lui conte, tells her
détresse, distress
armoire à glace, wardrobe
coffre, box

collier, necklace
pierreries, precious stones
parure, set of diamonds

écrin, jewel-case
se met à battre, starts beating

demeure, remains

en extase devant elle-même.

    Puis, elle demande, hésitante, pleine d'angoisse:

—Peux-tu me prêter cela, rien que cela?

—Mais oui, certainement.

    Elle saute au coù de son amie, pleine de joie, puis s'enfuit avec son trésor.

extase, ecstasy

angoisse, aunguish

sauter, to jump

Questions

1. Qu'est-ce que contenait l'enveloppe que M. Loisel a donné à sa femme?
2. Pour quelle raison est-ce que Mme Loisel n'est pas heureuse d'avoir été invitée par le ministre de l'Instruction publique?
3. Qu'est-ce que M. Loisel dit à sa femme de faire?
4. Quel bijou est-ce que Mme Loisel a choisi chez son amie, Mme Forestier?

[57]

Le jour de la fête arrive. Mme Loisel a un grand succès: elle est plus jolie que toutes, plus élégante, souriante et folle de joie. Tous les hommes la regardent, demandent son nom, cherchent à être présentés. Tous les attachés veulent danser avec elle. Le ministre la remarque.

la remarque, notices her

Elle danse avec passion, exaltée par le plaisir, ne pensant à rien, dans le triomphe de sa beauté, dans la gloire de son succès, dans une sorte de nuage de bonheur fait de tous ses désirs éveillés, de cette victoire si complète et si douce au cœur des femmes.

nuage, cloud
bonheur, happiness
éveillés, aroused

Elle part vers quatre heures du matin. Son mari, depuis minuit, dort dans un petit salon désert avec trois autres messieurs dont les femmes s'amusent beaucoup.

Il lui jette sur les épaules les vêtements qu'il a apportés pour la sortie, modestes vêtements de la vie ordinaire dont la pauvreté contrastait avec l'élégance de la toilette du bal. Elle le sent et veut s'enfuir pour ne pas être remarquée par les autres femmes qui s'enveloppaient de riches fourrures.

sortie, going out

fourrure, fur
la retient, holds her back

Loisel la retient:

—Attends donc. Tu vas attraper froid dehors. Je vais appeler un fiacre.

attraper, to catch
fiacre, cab

Mais elle ne l'écoute pas et descend rapidement l'escalier. Lorsqu'ils sont dans la rue, ils ne trouvent pas de voiture; et ils se mettent à chercher, criant après les cochers qu'ils voient passer de loin.

voiture, carriage, vehicle
cocher, coachman
grelottant, shivering

Ils descendent vers la Seine, désespérés, grelottant de froid. Enfin ils trouvent un de ces vieux fiacres noctambules qu'on ne voit dans Paris que la nuit venue.

noctambule, fly-by-night

Il les ramène jusqu'à leur porte, rue des Martyrs, et ils remontent tristement chez eux. C'était fini pour elle. Et il songeait, lui, qu'il lui faudrait être au Ministère à dix heures.

les ramène, brings them

Elle ôte les vêtements dont elle s'était enveloppée les épaules, devant la glace, afin de se voir encore une fois dans sa gloire. Mais soudain elle pousse un cri. Elle n'avait plus son collier autour du cou.

ôter, to take off

Son mari, à moitié déshabillé déjà, demande:

pousse un cri, utters a scream

à moitié déshabillé, half
undressed

—Qu'est-ce que tu as?

Elle se tourne vers lui, affolée.

affolée, frantic

—J'ai ... j'ai ... je n'ai plus le collier de Mme Forestier.

—Quoi! ... comment! ... Ce n'est pas possible!

Et ils cherchent dans les plis de la robe, dans les plis du manteau, dans les poches, partout. Ils ne le trouvent pas.

plis, folds

manteau, coat

Il demande:

—Tu es sûre que tu l'avais en quittant le bal?

—Oui, je l'ai touché dans le vestibule du Ministère.

—Tu as dû le perdre dans le fiacre.

Tu as dû le perdre, you must have lost it

—Oui, c'est probable. As-tu pris son numéro?

—Non. Et toi, tu ne l'as pas regardé?

—Non.

Ils se contemplent, affolés. Enfin, Loisel se rhabille.

—Je vais, dit-il, refaire le chemin que nous avons fait à pied pour voir si je ne le retrouve pas.

Et il sort. Elle demeure en toilette de soirée, assise sur une chaise, sans pensée, désespérée.

Son mari rentre vers sept heures. Il n'a rien trouvé.

Il s'est rendu à la Préfecture de police, aux journaux pour faire promettre une récompense partout enfin où un soupçon d'espoir le menait.

Il s'est rendu, he went

récompense, reward
soupçon, suspicion
espoir, hope

Elle a attendu tout le jour dans le même état de désespoir devant cet affreux désastre.

affreux, frightful

Loisel est revenu le soir, la figure pâlie; il n'avait rien découvert.

est revenu, came back

—Il faut, dit-il, écrire à ton amie que tu as cassé la fermeture de son collier et que tu le fais réparer. Cela va nous donner le temps de nous retourner.

fermeture, fastening
se retourner, to think about what to do next
dictée, dictation

Elle écrit sous sa dictée.

Au bout d'une semaine, ils avaient perdu toute espérance. Et Loisel, vieilli de cinq ans, déclare:

vieilli, aged

—Il faut voir à remplacer ce bijou.

Le lendemain, ils ont pris l'écrin qui l'avait renfermé et se sont rendus chez le joaillier dont le nom se trouvait dedans.

joaillier, jeweler

Après avoir consulté ses livres, il dit:

—Ce n'est pas moi, madame, qui ai vendu ce collier; j'ai dû seulement fournir la boîte.

Alors, ils sont allés de bijoutier en bijoutier, cherchant un collier pareil à l'autre, consultant leurs souvenirs, malades tous deux de chagrin et d'angoisse.

angoisse, anguish
Palais-Royal, Paris quarter where are the well-known jewellers

Ils trouvent dans une boutique du Palais-Royal un collier de diamants qui leur paraît entièrement semblable à l'autre. Il valait quarante mille francs. On le leur laissait à trente-six mille.

> On le leur laissait, they were letting them have it

Ils prient donc le joaillier de ne pas le vendre avant trois jours. Et ils font condition que le bijoutier acceptait de le reprendre pour trente-quatre mille, si le premier était retrouvé avant la fin de février.

Loisel possédait dix-huit mille francs que lui avait laissés son père. Il allait emprunter le reste.

> emprunter, to borrow

Il se met donc à emprunter, demandant mille francs à l'un, cinq cents à l'autre, cinq louis par-là. Il signe des engagements ruineux, a affaire aux usuriers, à toutes les races de prêteurs. Il compromet toute la fin de son existence, risque sa signature sans savoir même s'il pouvait y faire honneur et, épouvanté par les angoisses de l'avenir, par la perspective de toutes les privations physiques et de toutes les tortures morales, il va chercher le collier qu'il paye trente-six mille francs.

> louis, gold coin worth 20 francs
>
> engagement, obligation, commitment
> ruineux, ruinous
> a affaire à, deals with
> usurier, money-lender
> prêteur, lender
> épouvanté, scared

Quand Mme Loisel reporte le collier à Mme Forestier, celle-ci lui dit d'un air ennuyé:

—Tu aurais dû me le rendre plus tôt, car je pouvais en avoir besoin.

> Tu aurais dû me le rendre plus tôt, you should have returned it to me sooner
> en avoir besoin, have need of it

Elle n'a pas ouvert la boîte, ce que redoutait son amie. Elle ne s'était donc pas aperçue de la substitution, ce que craignait Mme Loisel.

> redouter, to dread
>
> craignait, feared

Questions

1. Est-ce que Mme Loisel s'est amusée au bal?
2. Qu'est-ce que faisait son mari pendant qu'elle dansait?
3. Comment est-ce que les Loisel sont rentrés chez eux?
4. Qu'est-ce qu'elle a découvert, une fois rentrée chez elle?
5. Qu'est-ce qu'a fait son mari pour essayer de retrouver le collier de diamants?

Mme Loisel a connu alors la vie horrible des nécessiteux. Elle en prend son parti, toutefois, tout d'un coup,
héroïquement. Il fallait payer cette dette effroyable. Elle
payerait.

On renvoie la bonne; on change de logement; on loue
sous les toits une mansarde. elle fait elle-même les
travaux odieux de la cuisine. Elle lave la vaisselle, usant
ses ongles roses sur les poteries grasses et le fond des
casseroles. Elle savonne le linge sale qu'elle fait sécher
sur une corde; elle descend à la rue, chaque matin, les
ordures, et monte l'eau, s'arrêtant à chaque étage pour
souffler. Et, habillée comme une femme du peuple, elle
va chez le fruitier, chez l'épicier, chez le boucher, le
panier sous le bras, marchandant, insultée, defendant
sou à sou son misérable argent.

Il fallait chaque mois payer les promesses de payer,
en renvoyer d'autres, obtenir du temps.

Le mari travaillait le soir à faire la comptabilité d'un
commerçant, et la nuit, il faisait de la copie à cinq sous
la page.

Et la vie a duré ainsi dix ans.

Au bout de dix ans, ils avaient tout restitué, tout avec
l'accumulation des intérêts superposés.

Mme Loisel semblait vieille maintenant. Elle était
devenue la femme forte, et dure, et rude des familles
pauvres. Mal peignée, avec les jupes de travers et les
mains rouges, elle parlait haut, lavait à grande eau les
parquets.

Mais, parfois, lorsque son mari était au bureau, elle
s'asseyait auprès de la fenêtre, et elle songeait à cette
soirée d'autrefois, à ce bal où elle avait été si belle et
si fêtée.

Que serait-il arrivé si elle n'avait pas perdu cette
parure? Qui sait? qui sait? comme la vie est bizarre,
changeante! Comme il faut peu de choses pour vous
perdre ou vous sauver!

Or, un dimanche, comme elle était allée faire une
promenade aux Champs-Élysées, elle aperçoit tout à
coup une femme qui se promenait avec un enfant.

---

en prendre son parti, to resign oneself
il fallait, it was necessary
effroyable, dreadful

louer, to rent

mansarde, attic
travaux, work
odieux, odious
laver, to wash
ongle, finger-nail
poteries, pots and pans
grasses, greasy
casserole, saucepan
savonner, to soap
linge sale, dirty clothes
sécher, to dry
ordures, garbage
souffler, to take her breath
monte l'eau, brings up the water
injuriée, insulted
marchander, to dicker over prices
promesse de payer, promisary note
en renvoyer d'autres, send back others
faire la comptabilité, do some bookkeeping
faisait de la copie, made copies of letters

intérêt superposé, compound interest

rude, coarse
mal peignée, untidy
jupe, skirt
de travers, crooked
à grande eau, with lots of water

Que serait-il arrivé, What would have happened

C'était Mme Forestier, toujours jeune, toujours belle, toujours séduisante.

Mme Loisel hésite un moment. Allait-elle lui parler? Oui, certes. Et maintenant qu'elle avait payé, elle lui dirait tout. Pourquoi pas?

Elle s'approche.

—Bonjour, Jeanne.

L'autre ne la reconnaît pas, s'étonne d'être appelée familièrement par cette bourgeoise.

—Mais...madame!...Je ne...Vous devez vous tromper.

—Non. Je suis Mathilde Loisel.

Son ami pousse un cri.

—Oh! . . . ma pauvre Mathilde, comme tu as changé!...

—Oui, j'ai eu des jours bien durs depuis que je t'ai vue; et bien des misères . . . et cela à cause de toi!...

—De moi!...Comment ça?

—Tu te rapelles bien cette parure de diamants que tu m'as prêtée pour aller à la fête du Ministère.

—Oui. Eh bien?

—Eh bien, je l'ai perdue.

—Comment! puisque tu me l'as rapportée.

—Je t'en ai rapporté une autre pareille. Et voilà dix ans que nous la payons. Tu comprends que ça n'était pas facile pour nous qui n'avions rien . . . Enfin, c'est fini et je suis bien contente.

Mme Forestier s'était arrêtée.

—Tu dis que tu as acheté une parure de diamants pour remplacer la mienne?

—Oui. tu ne t'en es pas aperçu, hein! Elles étaient bien pareilles.

Et elle souriait d'une joie orgueilleuse et naïve.

Mme Forestier, très émue, lui prend les deux mains.

—Oh! ma pauvre Mathilde! Mais la mienne était fausse . . . Elle valait au plus cinq cents francs!

Tu ne t'en es pas aperçu, you did not notice it
pareille, similar

émue, moved
la mienne, my own
fausse, false
elle valait au plus, it was worth at most

Questions

1. Est-ce que Mme Loisel a eu une vie heureuse?
2. Qui a-t-elle rencontré avenue des Champs-Élysées?
3. Comment expliquez-vous que son amie ne l'as pas reconnue?
4. Quelle était la valeur du collier de diamants que Mme Loisel a perdu?
5. Quelle était la valeur du collier de diamants que Mme Loisel a rendu à Mme Forestier?
6. Supposons que vous êtes à la place de Mme Forestier: allez-vous garder le collier ou le donner à Mme Loisel?

Basic Grammar
Rules and Principles

Definite article: *the*

le garçon *the boy*   **la** fille *the girl*   **les** femmes *the women*

le and **la** are condensed to **l'** before a vowel or silent h:
   l'homme *the man*   **l'**amie *the friend*

Contractions: *to the, at the*

le, la and **les** combine with **de** or **à** to become, **du, des, au** or **aux**

(de le) = **du** *(m)*	Le livre **du** professeur
	(The book of the teacher or the teacher's book)
(de les) = **des** *(pl)*	Le sport favori **des** Français
	(Frenchmen's favorite sport)
(à le) = **au** *(m)*	Je vais **au** café
	(I am going to the café)
(à les) = **aux** *(pl)*	Allons **aux** bois!
	(Let us go to the woods!)

Partitive Articles: *some, any*

Partitive, as the word implies, means a part of the whole. It is expressed in French by **du, de la, des.**

J'ai **du** sucre *(m)*	*I have some sugar*
J'ai **de la** viande *(f)*	*I have some meat*
J'ai **des** principes *(pl)*	*I have (some) principles.*

In the negative form, **du, de la, des** become **de:**

Je n'ai pas **de** sucre	*I have no sugar*
Je n'ai pas **de** viande	*I have no meat*
Je n'ai pas **de** principes	*I have no principles*

Plural of Nouns and Adjectives

Aside from the usual **s** to form the plural:

1. Most nouns and adjectives in **au, eu, eau, ou,** add **x**:

le beau tableau	les beaux tableaux
the beautiful picture	*the beautiful pictures*
le chou	les choux
the cabbage	*the cabbages*

2. Nouns and adjectives in **al** change to **aux** in plural:

le général	Les généraux

3. Nouns and adjectives ending in **s, x, z** are unchanged in plural:

le gros nez	les gros nez
the big nose	*the big noses*
le vieux	les vieux
the old one	*the old ones*

Feminine of Nouns and Adjectives

Aside the usual **e** to form the feminine: (as **petit, petite**)

1. If already ending in an **e,** no change:

le jeune homme	la jeune femme
the young man	*the young woman*

2. Endings in **er** change to **ère**:

Cher écolier *dear schoolboy*   Chère écolière *dear schoolgirl*

3. Adjectives ending in **eux** become **euse**:

heureux *happy*   heureuse *happy*

4. Words ending in **el, il, ien, on, s** or **t,** double the consonant:

le bon chien	la bonne chienne	*the good dog*
le gros chat	la grosse chatte	*the big cat*
gentil	gentille	*nice*

5. Adjectives ending in **c** change to **che,** in **f** to **ve** and **g** to **gue**

Masc.	**Fem.**	
blanc	blanche	*white*
neuf	neuve	*new*
long	longue	*long*

Possessive Adjective: *my, your, his, her, their*

Masc.	Fem.	Pl.
mon père	**ma** mère	**mes** parents
ton père	**ta** mère	**tes** parents
son père	**sa** mère	**ses** parents
notre père	**notre** mère	**nos** parents
votre père	**votre** mère	**vos** parents
leur père	**leur** mère	**leurs** parents

In French, the possessive adjective agrees in gender and number with the thing possessed.

When a feminine noun begins with a vowel or mute **h,** the masculine adjective is used instead of the feminine one:

Say: **mon** amie, *my girl friend* (not **ma** amie)

Personal Pronouns

Subject Pronouns

je *I*   nous *we*
tu *you, thou*   vous *you*
il *he, it*   ils *they*
elle *she, it*   elles *they*

Direct Object Pronouns

me *me*   nous *us*
te *you*   vous *you*
le *him*   les *them*
la *her*

Je **les** vois   *I see them*

Indirect Object Pronouns

me *to me*   nous *to us*
te *to you*   vous *to you*
lui *to him, to her*   leur *to them*

Il **lui** parle, *He is speaking to him (or her)*
Je **lui** donne le livre, *I am giving him (or her) the book*

Prepositional Pronouns

Prepositional Pronouns are those that go after prepositions such as **après, pour, verb + à, que** ending a comparison, or **c'est** or **ce sont:**

moi *me*	nous *us, we*
toi *you*	vous *you*
lui *him, he, it*	eux *them, they*
elle *her, she, it*	elles *them, they*

Après **moi,** le déluge	*After me, the deluge*
Le chèque est pour **lui**	*The check is for him*
Il est plus grand que **toi**	*He is taller than you*
C'est **lui!**	*It is he!*
Je pense à **elle**	*I am thinking of her*

Reflexive Pronouns

me *myself*	nous *ourselves*
te *yourself*	vous *yourself, yourselves*
se { *himself, herself, itself*	se *themselves*

Ils **se** sont blamés	*They blamed themselves*
Elle **s'**est levée	*She got up (She raised herself)*
Elle **s'**est lavé la figure	*She washed her face*

Use of *Y* and *EN*

Y = there, to it   **Y** and **en** come after all other pronouns
EN = some, any, of it

Il m'**en** à envoyé	*He sent me some*
Vous les **y** envoyez	*You send them there*

Relative Place of Pronouns

je
tu
il
elle   me
nous   te
vous   se   before   { le / la / les }   before   { lui / leur }   before   { y }   before   { en
ils   nous
elles   vous
         se

Je	vous	le			donne *I give it to you*
Nous	la		lui		donnons *We give it to him*
Elle			leur	en	donne *She gives them some*

Regular verbs in ER
Parler, *to speak*

Present	**Imperfect**	**Passé Composé**
Je parle	Je parlais	J'ai parlé
Tu parles	Tu parlais	Tu as parlé
Il parle	Il parlait	Il a parlé
Nous parlons	Nous parlions	Nous avons parlé
Vous parlez	Vous parliez	Vous avez parlé
Ils parlent	Ils parlaient	Ils ont parlé

Imperative
parle, *speak*
parlons, *let us speak*
parlez, *speak*

Regular verbs in IR
Finir, *to finish*

Present	**Imperfect**	**Passé Composé**
Je finis	Je finissais	J'ai fini
Tu finis	Tu finissais	Tu as fini
Il finit	Il finissait	Il a fini
Nous finissons	Nous finissions	Nous avons fini
Vous finissez	Vous finissiez	Vous avez fini
Ils finissent	Ils finissaient	Ils ont fini

Imperative
finis, *finish*
finissons, *let us finish*
finissez, *finish*

Regular verbs in RE
Vendre, *to sell*

Present	**Imperfect**	**Passé Composé**
Je vends	Je vendais	J'ai vendu
Tu vends	Tu vendais	Tu as vendu
Il vend	Il vendait	Il a vendu
Nous vendons	Nous vendions	Nous avons vendu
Vous vendez	Vous vendiez	Vous avez vendu
Ils vendent	Ils vendaient	Ils ont vendu

Imperative
vends, *sell*
vendons, *let us sell*
vendez, *sell*

Être, *to be*

Present	Imperfect	Passé Composé
I am	*I was, used to be*	*I was, have been*
Je suis	J'étais	J'ai été
Tu es	Tu étais	Tu as été
Il est	Il était	Il a été
Nous sommes	Nous étions	Nous avons été
Vous êtes	Vous étiez	Vous avez été
Ils sont	Ils étaient	Ils ont été

Imperative
sois, *be*
soyons, *let us be*
soyez, *be*

Avoir, *to have*

Present	Imperfect	Passé Composé
J'ai	J'avais	J'ai eu
Tu as	Tu avais	Tu as eu
Il a	Il avait	Il a eu
Nous avons	Nous avions	Nous avons eu
Vous avez	Vous aviez	Vous avez eu
Ils ont	Ils avaient	Ils ont eu

Imperative
aie, *have*
ayons, *let us have*
ayez, *have*

Irregular verbs

Aller, *to go*

Present	Imperfect	Passé Composé
Je vais	J'allais	Je suis allé
Tu vas	Tu allais	Tu es allé
Il va	Il allait	Il est allé
Nous allons	Nous allions	Nous sommes allés
Vous allez	Vous alliez	Vous êtes allés
Ils vont	Ils allaient	Ils sont allés

Imperative
va, *go*
allons, *let us go*
allez, *go*

Voir, *to see*

Present	Imperfect	Passé Composé
Je vois	Je voyais	J'ai vu
Tu vois	Tu voyais	Tu as vu
Il voit	Il voyait	Il a vu
Nous voyons	Nous voyions	Nous avons vu
Vous voyez	Vous voyiez	Vous avez vu
Ils voient	Ils voyaient	Ils ont vu

Imperative
vois, *see*
voyons, *let us see*
voyez, *see*

Vouloir, *to want*

Present	Imperfect	Passé Composé
Je veux	Je voulais	J'ai voulu
Tu veux	Tu voulais	Tu as voulu
Il veut	Il voulait	Il a voulu
Nous voulons	Nous voulions	Nous avons voulu
Vous voulez	Vous vouliez	Vous avez voulu
Ils veulent	Ils voulaient	Ils ont voulu

Imperative
veux, *want*
voulons, *let us want*
voulez, *want*

Savoir, *to know*

Present	Imperfect	Passé Composé
Je sais	Je savais	J'ai su
Tu sais	Tu savais	Tu as su
Il sait	Il savait	Il a su
Nous savons	Nous savions	Nous avons su
Vous savez	Vous saviez	Vous avez su
Ils savent	Ils savaient	Ils ont su

Imperative
sache, *know*
sachons, *let us know*
sachez, *know*

Idiomatic Uses of Avoir

Il y a	*(there is, there are)*
avoir chaud	*(to be hot)*
avoir faim	*(to be hungry)*
avoir froid	*(to be cold)*
avoir soif	*(to be thirsty)*
avoir peur (de)	*(to be afraid (of))*
avoir raison	*(to be right)*
avoir tort	*(to be wrong)*
avoir sommeil	*(to be sleepy)*
avoir l'air de	*(to seem)*
avoir___ans	*(to be___years old)*
avoir de la chance	*(to be lucky)*
avoir envie de	*(to feel like)*
avoir besoin de	*(to need)*
avoir lieu	*(to take place)*
avoir honte (de)	*(to be ashamed (of))*
avoir l'habitude de	*(to be accustomed to)*
avoir mal (à)	*(to have a pain, to have a___ache)*
avoir la parole	*(to have the floor)*

Idiomatic Uses of Faire

The verb **faire** is one of the most used verbs in the French language. It is used to express many actions.

Faire la cuisine	*(to cook)*
Faire la cour	*(to court)*
Faire de l'exercice	*(to exercise)*
Faire une promenade	*(to take a walk)*
Faire la chambre	*(to clean the room)*
Faire le lit	*(to make the bed)*
Faire la lessive	*(to do the washing)*
Faire de la peinture	*(to paint)*
Faire de la couture	*(to do sewing)*
Faire la vaisselle	*(to wash the dishes)*
Faire du ski	*(to ski)*
Faire de la musique	*(make music)*
Faire de la bicyclette	*(to ride a bicycle)*
Faire de la photographie	*(to go in for photography)*
Faire de la poésie	*(to write poetry)*
Faire son droit	*(to study law)*
Faire une course	*(to go on an errand)*
Faire le marché	*(to do the grocery shopping)*
Faire de la vitesse	*(to speed)*
Faire du cent à l'heure	*(to go a hundred kilometers per hour)*
Faire les cartes	*(to read the cards)*
Faire les chaussures	*(to clean one's shoes)*
Faire une malle	*(to pack a trunk)*
Faire le mort	*(to play dead)*
Faire plaisir	*(to please)*
Faire de la peine	*(to hurt one's feelings)*
Faire peur	*(to frighten)*
Faire mal	*(to hurt)*
Faire du mal	*(to harm)*
Faire du bien	*(to do some good)*
Faire partie de	*(to belong to)*
Faire la pluie et le beau temps	*(to have one's way)*
Chemin faisant	*(on the road)*
Vous êtes fait!	*(you've had it!)*
Ne pas s'en faire	*(not to worry)*
Se faire beau	*(to dress up)*
Il fait froid	*(it's cold)*
Il fait jour	*(it is daylight)*
Il fait noir	*(it's dark)*
Il se fait tard	*(it's getting late)*

Common Prepositions and Adverbs

à	*to, at*		maintenant	*now*
alors	*then*		mais	*but*
après	*after*		mal	*badly*
assez	*enough*		malgré	*in spite of*
aujourd'hui	*today*		moins	*less*
aussi	*also, too*			
avant	*before*		néanmoins	*nevertheless*
avec	*with*		ni	*neither, nor*
beaucoup	*much*		ou	*or*
bien	*well*		où	*where*
			par	*by*
car	*for, because*		parmi	*among*
chez	*at the house of*		partout	*everywhere*
contre	*against*		pendant	*during*
			peu	*little, few*
dans	*in*		peut-être	*perhaps, maybe*
de	*of*		plus	*more*
déjà	*already*		puis	*then*
demain	*tomorrow*		quand	*when*
depuis	*since*		quelquefois	*sometimes*
dès	*from the time of*			
devant	*before*		sans	*without*
			sauf	*except*
en	*in, into*		selon	*according to*
encore	*again, still, yet*		sous	*under*
enfin	*finally*		souvent	*often*
ensuite	*then*		sur	*on*
entre	*between*			
			tant	*so much*
			toujours	*always*
			toutefois	*however*
ici	*here*		très	*very*
			trop	*too much, too*
jamais	*never*		vers	*toward*
jusque	*until, up to*		vite	*quickly*
			voici	*here is, here are*
là	*there*		voilà	*there is, there are*

Cardinal Numbers

1	**un**	**80**	**quatre-vingts**
2	deux	81	quatre-vingt-un
3	trois	82	quatre-vingt-deux
4	quatre	**90**	**quatre-vingt-dix**
5	cinq	91	quatre-vingt-onze
6	six	92	quatre-vingt-douze
7	sept	**100**	**cent**
8	huit	101	cent un
9	neuf	102	cent deux
10	**dix**	110	cent dix
11	onze	**200**	**deux cents**
12	douze	201	deux cent un
13	treize	202	deux cent deux
14	quatorze	**300**	**trois cents**
15	quinze	301	trois cent un
16	seize	302	trois cent deux
17	dix-sept	**400**	**quatre cents**
18	dix-huit	401	quatre cent un
19	dix-neuf	402	quatre cent deux
20	**vingt**	**500**	**cinq cents**
21	vingt et un	501	cinq cent un
22	vingt-deux	502	cinq cent deux
23	vingt-trois	**600**	**six cents**
30	**trente**	601	six cent un
31	trente et un	602	six cent deux
32	trente-deux	**700**	**sept cents**
40	**quarante**	701	sept cent un
41	quarante et un	**800**	**huit cents**
42	quarante-deux	801	huit cent un
50	**cinquante**	**900**	**neuf cents**
51	cinquante et un	901	neuf cent un
52	cinquante-deux	**1000**	**mille**
60	**soixante**	1101	onze cent un ou mille cent un
61	soixante et un	1501	quinze cent un ou mille cinq cent un
62	soixante-deux	1789	dix sept cent quatre-vingt-neuf
70	**soixante-dix**	1914	mille neuf cent quatorze*
71	soixante et onze		
72	soixante-douze		

1 000 000 un million
1 000 000 000 un milliard

Note - When mentioning years, the French say: dix-sept cents, dix-huit cents, *up to the year* dix-huit cent quatre-vingt-dix-neuf; *then they say:* mille neuf cents, mille neuf cent un, mille neuf-cent soixante-dix, *and so on.*

French-English Vocabulary

The number after each word indicates the lesson when the word first appears. The following abbreviations have been used:

m masculine	**pl** plural	**sing** singular
f feminine	**pers** person	**pres** present
	part participle	

a

a, 3rd pers. sing. pres. of **avoir** (2)

à, to; at; in (1)

abdiquer, to abdicate (39)

abécédaire, m., primer (48)

abord, m., approach; **d'abord,** at first (28)

accompagner, to accompany (23)

accord, m., agreement; **d'accord,** o.k. (9)

accueillir, to welcome; to receive graciously (52)

acheter, to buy (20)

acquérir, to acquire (39)

adjoint, m., assistant (45)

adroitement, skilfully (53)

affaiblir, to weaken (35)

affaire, f., business; **avoir affaire à,** to have dealings with (57)

affiche, f., poster (47)

affolé,, e, frantic (42)

affreux, -se, frightful (53)

afin de, in order to (33)

âgé, -e, aged; old (50)

agir, to act (44)

agrandir, to enlarge (31)

agrégé, m., one who has passed the **aggrégation** (45)

agricole, agricultural (34)

aider, to aid; to assist; to help (2)

ailleurs, elsewhere (16) **d'ailleurs,** moreover (50)

aimer, to like; to love (10)

aîné, -e, elder; first born (28)

ainsi, thus (26)

air, m., air; appearance; **en plein air,** in the open air (50)

aisé, -e, free; natural; at ease (52)

ajouter, to add (13)

Allemagne, f., Germany (15)

aller, to go; **s'en aller,** to go away (16)

alors, then (1)

amélioré, -e, improved (50)

ami, m., friend (1)

amie, f., friend (1)

amuser, to amuse; **s'amuser,** to have a good time (23)

an, m., year (15)

ancêtre, m., ancester (25)

ancien, -ne, before the noun, former; after the noun, ancient; old (40)

Anglais, -e, Englishman, English (2)

Angleterre, f., England (28)

angoisse, f., anguish (50)

annuler, to annul (39)

août, m., August (42)

apaiser, to appease; to pacify (28)

apercevoir, to perceive; to notice (22)

apparaître, to appear (30)

appauvrir, to impoverish (31)

appel, m., call, roll-call (6)

appeler, to call; **s'appeler,** to be called; to be named (1)

s'appliquer, to take pains (49)

apprendre, to learn; to teach (2)

apprenti, m., apprentice (47)

appuyer, to press; to lean (49)

après, after (7)
après-midi, afternoon (19)
arbitrer, to arbitrate; to settle a
  difference (30)
argent, m., money (29)
argenterie, f., silverware (55)
armoire à glace, f., wardrobe (56)
arrêter, to stop (15)
arrière, m., back; reverse (42)
arrière-petit-fils, m., great grandson
  (37)
arriver, to arrive; to happen (17)
arroser, to water; to sprinkle (49)
asseoir (s'), to sit down (47)
assez, enough (15)
assiette, f., plate (51)
assis, past participle of asseoir (47)
assister à, to attend (10)
assoupir, to make sleepy or drowsy
  (55)
atelier, m., workshop (31)
attacher, to attach, to tie (16)
attendre, to await, to wait for (10)
attirer, to attract (26)
attraper, to catch (57)
au, to the (7)
aucun, -e, none; not any (33)
augmenter, to increase (36)
aujourd'hui, today; nowadays (3)
aussi, also; too (1)
aussitôt, immediately; at once (21)
autant, as much (44)
autour, around; about (25)
autre, other (4)
autrefois, formerly (28)
autrement, otherwise (14)
Autriche, f., Austria (39)
autrichien, -ne, Austrian (37)
avant, before (19)
avec, with (2)
avenir, m., future (52)
avis, m., opinion (37)
avion, m., plane; par avion, via air
  mail (23)
avocat, m., lawyer (14)
avoir, to have (2)
avouer, to admit (50)

b

bain, m., bath (19)
baiser, m., kiss (23)
balancer, to balance; to rock; se
  balancer, to swing (16)
balloter, to rattle (54)
barbare, m., barbarian (25)
barbe, f., beard (9)
banc, m., bench (47)
barbier, m., barber (31)
barque, f., small boat (44)
bas, -se, low; tout bas, in a whisper;
  là-bas, over there (21)
bâton, m., stroke (49)
battement, m., beating (53)
battre, to beat; se battre, to fight (26)
bavard, -e, loquacious (4)
beau, bel, belle, fine; beautiful (4)
beaucoup, much; a great deal; a lot;
  many (1)
beauté, f., beauty (41)
belle-mère, f., mother-in-law (23)
bergère, f., shepherdess (26)
besoin, m., need, avoir besoin, to
  need (41)
bête, foolish (56)
bibelot, m., trinklet (55)
bien, well; all right; faire du bien, to
  do some good; bien que, although
  (2)
bijou, m., jewel; jewelry (55)
billet, m., ticket (21)
blague, f., joke, humbug; sans blague!
  no kidding! (11)
blâmer, to blame (15)
blanc, -he, white (16)
blessé, -e, wounded (42)
bleu, -e, blue (10)
boire, to drink (17)
bon, -ne, good; kind; à quoi bon, of
  what use (2)
bonheur, m., happiness (57)
bonne, f., maid (14)
bonté, kindness (29)
bonsoir, m., good night; good evening
  (13)
bord, m., edge (34)
bossu, -e, hunchbacked (31)

boucher, to cork; se boucher les oreilles, to hold one's hands on one's ears (47)

boucher, m., butcher (57)

boulanger, m., baker (14)

boulangère, f., baker's wife (14)

bouleverser, to upset (48)

bourgeois, m., citizen; middle-class person (37)

bourreau, m., executioner (37)

bousculer, to hustle; to shove (21)

bout, m., tip; end (16)

bouteille, f., bottle (51)

boutique, f., small shop (31)

bouton, m., knob (53)

bras, m., arm (22)

brigand, m., rascal (50)

broder, to embroider (28)

bronzé, -e, tanned (52)

brosse, f., brush; cheveux coupés en brosse, wearing a crew-cut (53)

bruit, m., noise (47)

brûler, to burn (30)

but, m., aim; goal (29)

C

ça, that (7)

cacher, to hide; to conceal (23)

cachot, m., cell (25)

calorifère, m., central heating (55)

campagne, f., country; campaign (4)

car, for; because (2)

carrière, f., career (52)

casser, to break (22)

casserole, f., sauce-pan (58)

cause, f., cause; à cause de, because of (9)

causerie, f., chat (55)

ce, cet, cette, this; that; pl. ces (9)

ceci, this, that (9)

céder, to cede; to yield (51)

cela, that (7)

célèbre, famous, renowned (25)

centaine, f., about a hundred (14)

cependant, however (33)

ces, pl. these (9)

chair, f., flesh; meat (55)

chaire, f., pulpit (48)

chaise, f., chair (3)

chambre, f., room (3)

chanceler, to be shaky on one's legs (54)

chanson, f., song (17)

chanter, to sing (17)

chapeau, m., hat; chapeau haut de forme, top hat (53)

chaque, each (11)

char, m., chariot (25)

charcuterie, f., delicatessen meat (51)

chargé de, in charge of (45)

chasse, f., hunting (33)

chasser, to hunt; to drive out (30)

chat, m., cat (14)

château, m., castle; château fort, fortified castle (33)

chaud, -e, hot; avoir chaud, to be hot (9)

chef, m., chief (25)

chef-d'œuvre, m., masterpiece (29)

chemin, m., way; path (36)

cheminer, to follow one's way (52)

chemise, f., shirt (36)

chêne, m., oak (29)

cher, -ère, dear; expensive (23)

chercher, to look for; to seek (8)

chéri-, e, dear; darling (10)

cheval, m., horse (25)

cheveu, m., hair (19)

chez, to; at the house of (15)

chic, elegant (56)

chien, m., dog (2)

chimpanzé, m., chimpanzee

chinois, m., Chinese (10)

choisir, to choose (25)

chose, f., thing (4)

chou, m., cabbage; mon chou, term of endearment (10)

chrétien, m., Christian (29)

chuchoter, to whisper (54)

chute, f., downfall (39)

citoyen, m., citizen (40)

clef, f., key (49)

cloche, f., bell (50)

clou, m., nail (16)

cobra, m., cobra (11)

cocher, m., coachman (57)

cœur, m., heart (15)

coffre, m., chest; safe; box (56)

coiffeur, m., barber, hairdresser (19)
coin, m., corner (50)
colère, f., anger (47)
colis postal, m., parcel post (23)
coller, to stick; to glue (54)
collier, m., necklace (56)
colon, m., settler (34)
comme, like; as (2)
commencer, to begin (6)
comment, how, what (13)
comparaître, to appear (37)
complot, m., plot (35)
comprendre, to understand (2); **y compris,** included (30)
compromettre, to compromise (57)
compter, to count; to reckon (47)
comté, m., county (41)
comdamner, to condemn (34)
confiance, f., confidence (42)
confiture, f., jam (51
confondre, to confuse (9)
congé, m., leave (49)
connaissance, f., acquaintance (26)
connaître, to know (11); **je connais,** I know (11)
conquête, f., conquest (28)
conscrit, m., draftee (50)
conseiller, m., adviser; counsellor (31)
Conservatoire, m., Conservatory; music academy (17)
conserver, to keep; to preserve (33)
conter, to tell; to relate (52)
contre, against (16)
convenable, suitable; decent (56)
convertir, to convert; **se convertir,** to become a convert (26)
convoquer, to summon; to convoke (37)
coq, m., rooster (14)
coquet, -te, coquettish; stylish (55)
corbeille, f., basket (54)
corde, f., rope (58)
cordon, m., cordon, line (54)
Corse, f., Corsica (37)
costume, m., suit (19)
côte, f., rib; **se tenaient les côtes,** held their sides from laughing (54)
côté, m., side; **à côté,** next **à côté de,** beside (3)
cou, m., neck (56)
coude, m., elbow (51)

couleuvre, f., grass snake (54)
coup, m., blow; **coup d'œil,** glance (8)
coupable, guilty (49)
couper, to cut (19)
cour, f., court; courtyard (27)
courir, to run; **l'histoire court,** the story circulates (47)
couronner, to crown (27)
court, -e, short (40)
couteau, m., knife (51)
coûter, to cost; **coûte que coûte,** at all cost (20)
coûteux, -se, costly (41)
coutume, f., custom (28)
craie, f., chalk (10)
craindre, to fear (57)
créer, to create (27)
cri, m., scream; **pousser un cri,** to utter a scream (57)
crier, to shout (6)
crocodile, m., crocodile (11)
croire, to believe (15)
croisade, f., crusade (29)
croisé, m., crusader; **mots croisés,** crossword puzzle (29)
croûte, f., crust (51)
culotte, f., knee-breeches (55)

d

dame, f., lady (14)
dans, in (3)
dauphin, m., king's eldest son (37)
davantage, more (45)
débarquement, m., landing (28)
débarquer, to land (39)
débarrasser (se), to get rid of (34)
debout, standing up (49)
début, m., beginning (30)
décevoir, to deceive (17)
déclassée, f., person rejected by her own class (55)
décor, m., decoration (33)
découverte, f., discovery (14)
découvrir, to discover; **il a découvert,** he discovered (17)
décrire, to describe (38)
dédaigneusement, disdainfully (51)
défaillance, f., failing weakness (42)
défaite, f., defeat (30)

défendu, forbidden, past part.
of **défendre** (6)
défiler, to march (44)
dehors, outside (8)
déjà, already (23)
déjeuner, m., lunch (23)
demain, tomorrow (48)
demander, to ask (10)
démarche, f., walk; way of walking;
bearing (38)
demeurer, to remain (10)
demi, -e, half (34)
démission, f., resignation; **donner sa
démission,** to resign (52)
démissionner, to resign (43)
dépêcher, to hasten; **se dépêcher,** to
hurry (21)
dépense, f., expense (36)
dépit, m., spite; **en dépit de,** in spite
of (45)
depuis, since (16)
déranger, to disturb (23)
dernier, -ère, last (23)
derrière, m., behind (21)
des, some; of the (1)
désastreux, -se, disastrous (41)
dès, from that time; **dès que,** as soon
as (21)
descendre, to descend; to go down
(16)
déshabillé, -e, undressed (57)
désormais, from now on (44)
dessus, on; upon (23)
destin, m., fate (23)
détresse, f., distress (56)
détruire, to destroy (35)
dette, f., debt (58)
devant, in front of (22)
devise, f., motto; slogan (37)
devenir, to become (26)
deviner, to guess (23)
devoir, m., duty (47)
devoir, must, ought, should; **je dois,** I
must (15)
dictée, f., dictation (57)
Dieu, m., God (26)
dimanche, m., Sunday (20)
dire, to say; **il dit,** he says; **dites!** say!
(6)
dissoudre, to dissolve (44)

se distinguer, to distinguish oneself
(39)
docilement, docilely; submissively
(52)
dois, first pers. pres. of **devoir** (15)
dommage, m., damage; **c'est
dommage,** it's a pity (4)
donc, therefore (30) **Pensez donc!** Just
think of it! (50)
donner, to give (10)
dont, whose; of which; of whom (25)
dormir, to sleep (22)
dot, f., dowry (53)
douceur, f., gentleness (34)
doux, -ce, soft; sweet (29)
drap, m., cloth (31)
drapeau, m., flag (44)
droit, m., right; straight; **avoir le droit,**
to have a right to; to be authorized
(20)
du, de la, des, of the (3)
dur, -e, hard **avoir la tête dure,** to be
thick-headed (51)
durée, f., duration (40)
durer, to last (27)

e

échelle, f., ladder (16)
éclat, m., spark, vividness; splendour,
(41)
éclater, to burst; to break out (34);
éclater de rire, to burst out
laughing (54)
école, f., school (1)
écouter, to listen (2)
écraser, to crush; to flatten out (26)
écrin, m., jewel case (56)
écriteau, m., sign, signboard (23)
écriture, writing; **en écriture ronde,** in
round characters (49)
effaré, -e, startled (56)
effet, m., effect; **en effet,** indeed (14)
efforcer (s'), to make an effort (34)
effroyable, dreadful (58)
égal, -e, equal (55)
égaler, to equal; to be equal to (27)
église, f., church (27)
élargir, to enlarge (9)
élève, m., pupil (6)

élever, to raise; to bring up (52)
élevé, -e, elevated; high (44)
elle, she (1)
éloigné, -e, far-away (27)
élu, elected (past part, of **élire**) (40)
embarquer, to embark (39)
embellir, to beautify (41)
embrasser, to embrace; to kiss (14)
embrouiller (s') to become confused (49)
émigré, m., emigré during a revolution; emigrant (40)
emmener, to take along (20)
emparer (s'), to get hold of; to take possession (30)
épargne, f., saving (45)
épaule, f., shoulder; **hausser les épaules,** to shrug one's shoulders (53)
empêcher, to prevent (35)
épeler, to spell out (49)
épice, f., spice (29)
épicier, grocer (58)
employé, m., employee (23)
emporter, to carry away (16)
épouser, to marry (52)
épouvanté, -e, scared (57)
emprunter, to borrow (57)
ému, -e, moved (58)
en, in; at; to (2)
enchaîné, -e, chained (25)
encore, again (14)
encre, f., ink (10)
endormi, -e, asleep (37)
endroit, m., place (29)
énergique, energetic (31)
enfant, m., child (2)
enfantillage, m., childish act (53)
enfin, finally; lastly; at last (54)
enfoncer, to break open (51)
enfuir (s'), to flee; to run away (26)
engagement, m., obligation (57)
enjamber, to step over (51)
ennuyer, to annoy; **s'ennuyer,** to be bored (57)
ennuyeux, -se, boring (48)
enregistrer, to record (48)
enseigner, to teach (11)
ensemble, together (2)
ensuite, then (5)

entendre, to hear; **c'est entendu,** it's understood, agreed (21)
entêter, (s'), to be stubborn (53)
entier, entire (27)
entourer (s'), to surround oneself (36)
entraîner, to carry away (51)
entrée, f., entrance (20)
entreprendre, to undertake (30)
entrer, to enter (20)
envahir, to invade (25)
envahisseur, m., invader (26)
envoler (s'), to fly off (7)
envoyer, to send (23)
escalier, m., staircase (21)
esclave, slave (49)
espacé, -e, spaced out (53)
Espagne, f., Spain (26)
espérer, to hope (45)
espion, m., spy (31)
espoir, m., hope (57)
esprit, m., spirit; mind; intellect (35)
esquiver (s'), to sneak away; **s'esquiver à l'anglaise,** to take French leave (53)
essayer, to try (15)
essence, m., gasoline (15)
essoufflé, -e, out of breath (47)
essuyer, to wipe, to clean (56)
est, 3rd pers. sing. of **être** (1)
et, and (1)
étage, m., floor (3)
état, m., state (37)
États-Unis, m. pl., United States (42)
été, m., summer (4)
étoffe, f., fabric (29)
étoile, f., star (18)
étonné, -e, surprised, startled (7)
étonner (s'), to be surprised (47)
étouffer, to choke (49)
étranger, m., foreigner (39)
étrangler, to strangle (50)
être, to be (1)
étudier, to study (2)
éveillé, -e, aroused (57)
éveiller, to arouse; to awake (55)
événement, event (27)
évidemment, obviously (14)
expliquer, to explain (10)
exploiter, to manage (54)
exquis, -se, exquisite; delicious (51)

f

fabriquer, to manufacture (31)
facile, easy (13)
facteur, m., postman (48)
faible, weak (37)
faiblesse, f., weakness (39)
faim, f., hunger (25)
fainéant, -e, idle, lazy (26)
faire, to make, to do, to act, to cause (9)
fait, third pers. sing. pres. of **faire** (4)
fait, m., fact (28)
falloir, to have to, must (9). **Il fallait le dire!** You should have said so! (23)
faut, il faut, one must (third pers. sing. pres. of **falloir**) (9)
faux, -sse, false (58); **fausse sortie,** sham exit (55)
fée, f., fairy (19)
féerie, f., fairyland (55)
femme, f., woman; **femme de chambre,** maid (14)
fenêtre, f., window (7)
fer, m., iron (47)
fermer, to shut; to close (9) **se ferme,** closes itself automatically (21)
fermeture, f., fastening (57)
feu, m., fire (39)
feuille, f., leaf; sheet (6)
fiacre, m., cab (57)
ficelle, f., string (16)
fidèle, faithful (26)
fier, -ère, proud (25)
se figer, to clot, to freeze (54)
filature, f., spinning mill (49)
fille, f., girl; daughter (1)
finir, to finish (8)
fléchir, to give way (54)
fleur, f., flower (14)
fleurir, to bloom (33)
fleuve, m., large river (28)
flotte, f., fleet (34)
flotter, to float (49)
foire, f., fair (31)
fois, f., time; **une fois,** once (22)
fonctionnaire, m., civil servant (23)
fond, m., bottom; back; far end; **à fond,** thoroughly (48)

fonder, to found (33)
force, f., strenth, power (15) **à force de,** by dint of (52)
forgeron, m., blacksmith (47)
fors, (old French) but, except (33)
fort, -e, strong; **plus fort,** louder (23)
fou, m., madman; lunatic (30)
fourrure, f., fur (57)
foule, f., crowd (53)
français, -e, French (1)
frapper, to strike (51)
frayeur, f., fright (48)
frère, m., brother (3)
frivole, frivolous (37)
froid, -e, cold (4)
fromage, m., cheese (44)
froncer les sourcils, to frown (54)
frotter, to rub (49)
fureur, f., fury; anger; **mettre en fureur,** to fly into a rage (16)
fusil, m., gun (56)
fusiller, to execute by firing squad; **faire fusiller,** to have someone shot (41)
fût, 3rd pers. sing. historical past (passé simple) of **être** (1)

g

gâcher, to spoil (52)
gaillard, m., husky fellow (52)
garçon, m., boy (1)
garder, to guard; to keep (22)
gare, f., station (21)
gâteau, 'm., cake (37)
gauche, f., left (21)
génie, m., genius (35)
genou, m., knee (48)
genre, m., gender (14); kind; sort (35)
gens, m. or f., people (16)
gentilhomme, m., man of gentle birth; gentleman (34)
gentiment, nicely, sweetly (19)
gilet, m., waistcoat (53)
glace, f., ice; ice cream (20); mirror (56)
goût, m., taste (37)

goûter, m. snack taken around tea time (50)
goûter, to taste (51)
grâce à, thanks to; on account of (35)
grand, -e, big; great; large; tall (16)
gras, -se, greasy (58)
gratuit, -e, gratuitous; free of charge (20)
grave, serious; solemn (16)
grec, grecque, Greek (22)
grelotter, to shiver (57)
grève, f., strike (41)
grincement, m., scratching (49)
gronder, to scold (47)
gros, -se, big (16)
guère, ne … guère, hardly; scarcely (52)
guerrier, m., warrior (26)
guichet, m., ticket window (21)

h

habile, clever (31)
habileté, f., skill (35)
habiller (s'), to dress (31)
habits, m., pl., clothes (48)
habiter, to dwell; to inhabit; to live (31)
hanneton, m., june bug (47)
hareng saur, m., red herring (15)
haricot, m., bean (50)
hasard, m., fate; **par hasard,** accidently (50)
hâter, (se) to hasten (51)
haut, -e, high (16)
herbe, f., grass (26)
hériter, to inherit (34)
héritier, m., heir (30)
héroïquement, heroically (39)
heure, f., hour (19)
heureux, -euse, happy (34)
histoire, f., history, story (17)
hiver, m., winter (4)
homme, m., man (14)
horloge, f., clock (49)
hors, outside; out (30)
hôtel, m., hotel; mansion (56)

i

ici, here (20)
idée, f., idea (15)
il, he (1)
île, f., island (22)
illettré, -e, illiterate (50)
immeuble, m., building (3)
imperméable, m., raincoat (16)
importer, to matter; **n'importe quoi,** anything; **qu'importe!** never mind! (19)
impôt, m., tax (36)
infatigable, tireless (35)
injurier, to insult (58)
interroger, to interrogate; to question (47)
interrompre, to interrupt (6)
inutile, useless (10)

j

jamais, never (6)
jardin, m., garden (36)
jeter, to throw (56)
jeudi, m., Thursday (15)
jeune, young (10)
jeûner, to fast; to abstain from food (50)
joaillier, m., jeweller (57)
joli, -e, pretty (1)
joue, f., cheek (14)
jouer, to play (33)
jour, m., day (6)
journal, m., newspaper (23)
journée, f., day; day-time (6)
jupe, f., skirt (58)
jurer, to swear; to take an oath (50)
jusque, till; until; up to (26)
juste, just, fair (35) **au juste,** exactly (56)

l

la, f., the (1); her (7)
là, there; (4)
là-bas, over there (21)
lâche, m., coward (51)
lâcher, to abandon; to drop someone (51)
laid, -e, ugly (31)
laideur, f., ugliness (55)
laisser, to let; to leave (16)

lait, m., milk (17)
lame, f., blade (53)
lance, f., lance; spear (34)
langue, f., language; tongue (10)
largeur, f., width (28)
laver, to wash (58)
le, m., the (1); him, it (7)
léopard, m., leopard (11)
lequel, m., who, whom (50)
les, pl., the (1); them (7)
lentement, slowly (16)
lever, to raise; **se lever,** to get up (6)
liberté, f., liberty; freedom (37)
libre, free (26)
lieu, m., place; **avoir lieu,** to take place; **au lieu de,** instead of (27)
linge, m., linen (58)
lire, to read (23)
lit, m., bed (3)
livre, m., book (7)
loi, f., law (34)
loin, far (16)
lorsque, when (29)
louer, to rent (58)
louis, m., gold coin worth 20 francs (57)
lourd, -e, heavy (16)
lui, to him; to her (10)
lumière, f., light (11)
lundi, m., Monday (20)
lune, f., moon (15)
lunettes, f. pl., glasses (48)
lutte, f., struggle (28)
lutter, to fight; to struggle; to offer resistance (25)
lycée, m., high school (39)

m

ma, f., my (10)
magasin, m., department store (20)
magnétophone, m., tape recorder (15)
main, f., hand (6)
maintenant, now (7)
maire, m., mayor (48)
mairie, f., town-hall (47)
mais, but (2)
maison, f., house (3)
maître, m., master (14)

mal, badly (29)
malade, sick (29)
malgré, in spite of (34)
malheur, m., misfortune (49)
malle, f., trunk (49)
mandat-poste, m., postal money-order (23)
manger, to eat (25)
manquer, to miss; to lack (21)
mansarde, f., attic (58)
manteau, m., coat (57)
marbre, m., marble (33)
marchand, merchant (34)
marchander, to dicker over prices (58)
marché commun, m., common market (43)
mardi, m., Tuesday (20)
marteau, m., hammer (16)
matin, m., morning (9)
mécontentement, m., discontent; dissatisfaction (37)
médicament, m., medecine (20)
meilleur, -e, better; **le meilleur,** the best (29)
même, same; even; **lui-même,** himself (2)
mémoire, f., memory (22)
menace, f., threat (50)
menacer, to threaten (39)
ménage, m., housekeeping (55)
mener, to lead (26)
mer, f., sea (22)
merci, m., thanks (22)
mère, f., mother; **belle-mère,** mother in law (4)
mes, pl., my (10)
messe, f., mass (46)
mesure, f., measure; dimension; size (22)
Métro, m., Paris subway (21)
mettre, to put (16)
meuble, m., piece of furniture (55)
midi, m., twelve o'clock (23)
mienne, (la), mine, my own (58)
mieux, better; **tant mieux,** so much better (21)
mis, (past part. of **mettre**) put (48)
misérable, wretch; scoundrel (47)
misère, f., misery (34)
mitron, m., baker's apprentice (37)

moi, me (7)
moine, m., monk (27)
moins, less (13)
mois, m., month (25)
moitié, f., half (28)
mon, m., my (10)
monde, m., world; people; **tout le monde**, everybody (2)
mondial, -e, world-wide (42)
monter, to go up (16)
montrer, to show (7)
moquer (se), to make fun of (47)
moqueur, -euse, mocking, jeering (54)
mordre, to bite (20)
mort, f., death (28)
morue, f., codfish (50)
mot, m., word (10)
mouche, f., fly (7)
mouchoir, m., handkerchief (53)
mourir, to die (25); **il meurt**, he dies (34)
moyen, m., means; way (45)
Moyen Age, m., Middle Ages (31)
moyenne, f., average (27)
mur, m., wall (3)
mûr, -e, ripe; mature (54)
musée, m., museum (20)

n

naissance, f., birth (33)
natal, -e, native; **ville natale**, birth-place (54)
ne . . . pas, not (2)
né, born (past part. of verb **naître**)
nécessiteux, m., destitute (58)
neige, f., snow (4)
neuf, -ve, new (19)
neveu, m., nephew (40)
ni, neither; nor (15)
noblesse, f., nobility (37)
noctambule, night-traveling (57)
noir, -e, black (10)
nombreux, -se, numerous (33)
nôtre, ours; **tu es des nôtres**, you are one of us (50)
noté, -e, looked upon; **bien noté**, in good repute (52)
nourrir, to feed (29)
nourriture, f., food (39)

nouveau, -elle, new; **de nouveau**, again (8)
nu, -e, bare (16)
nuage, m., cloud (57)
nuit, f., night (13)

o

obéir, to obey (35)
obéissant, -e, obedient (35)
occuper, to occupy; to be busy; **s'occuper**, to look after (23)
œil, m., eye (pl. **yeux**) (13)
oiseau, m., bird (29)
œuvre, f., work, production; **chef-d'œuvre**, masterpiece (33)
office, m., pantry (53)
omettre, to omit (35)
on, one; someone; we (4)
ongle, m., finger-nail (58)
or, m., gold (35)
ordonnance, f., prescription (20)
ordure, f., garbage (58)
orgueil, m., pride; conceit (51)
orgueilleux, -se, proud; conceited (36)
orifice, m., opening (53)
oser, to dare (49)
ôter, to remove; to take off (57)
ou, or (4)
où, where (7)
oublier, to forget (22)
ouvert, -e, open (20)
ouverture, f., opening; aperture (53)
ouvrier, m., worker (41)
ouvrir, to open; **s'ouvrir**, to open itself (21)

p

pain, m., bread (29)
paisiblement, peacefully (42)
paix, f., peace (39)
palais, m., palace (26)
panier, m., basket; **dessus du panier**, top society (53)
pantalon, m., trousers (21)
paperasse, f., red tape; paperwork (54)
pape, m., pope (30)

papier, m., paper (6)

par, by (10)

paraître, to seem (48)

parapluie, m., umbrella (22)

parce que, because (9)

parcourir, to travel over (44)

pardonner, to forgive (37)

pareil, -le, similar; alike (49)

parfumé, -e, perfumed (55)

paresseux, -se, lazy (26)

parfois, now and then; every so often (58)

parler, to speak (2)

parmi, among (27)

parole, f., word, promise (51)

parquet, m., floor (54)

partager, to divide; to share (28)

parti, m., party; en prendre son parti, to resign oneself (58)

partie, f., part (30) partie de chasse, shooting party (56)

partir, to leave; à partir de, from (8)

partout, everywhere (29)

parure, f., set of diamonds; necklace (56)

pas, m., step (20)

pas, ne . . . pas, not (3)

passer, to pass; se passer, to happen (19)

pâtisserie, f., pastry shop (24)

patrie, country (48)

patron, m., boss (41)

patte, f., paw (15)

pauvre, poor (29)

pays, m., country (25)

paysan, m., peasant (28)

pêche, f., peach (52)

pêcher, to fish (49)

peigner, to comb (27)

peine, f., grief; sadness; trouble; (17) à peine, hardly; barely (48)

peloton de ficelle, m., ball of string (16)

pendant, during (28)

penser, to think (4)

perdre, to lose (57)

père, m., father (1)

périr, to perish (35)

peser, to weigh (23)

peste, f., plague (29)

petit, -e, small; little (10)

petit-fils, m., grandson (37)

peu, little; très peu, very little; peu à peu, little by little (19)

peuple, m., people; les peuples, nations; tribes (26)

peur, f., fear, avoir peur, to fear (30)

peut, third pers. sing. pres. of pouvoir; can (15)

peut-être, may be; perhaps (15)

pharmacien, m., pharmacist (20)

phrase, f., sentence (25)

physionomie, f., feature (52)

pied, m., foot (26)

pierrerie, f., precious stone (56)

pieux, -se, pious (26)

piller, to pillage; to plunder (26)

pilule, f., pill (20)

pincer, to pinch (21)

pion, m., proctor; assistant (50)

pire, worse (45)

plafond, m., ceiling (7)

plage, f., beach (43)

plaindre (se), to complain (50)

plaire, to please; s'il vous plaît, if you please (22)

plaisanter, to jest; plaisanter quelqu'un, to poke fun at someone (50)

planter un clou, drive in a nail (16)

plat, m., dish (50)

plein, -e, full (6) plein air, open air (50)

pleurer, to cry; to weep (56)

pleuvoir, to rain; il pleut, it's raining (22)

pli, m., fold (57)

plume, f., pen (10)

plupart, f., most (40)

plus, more; ne plus, no more (4)

plusieurs, several (25)

plutôt, rather; plutôt que, rather than (42)

pneu, m., tire (24)

poche, f., pocket (51)

poésie, f., poetry; poem (15)

poids, m., weight (44)

poignée de main, f., handshake (52)

point, m., point; à point, just in time (54)

pointu, -e, pointed (16)

poisson, m., fish (15)
poitrine, f., chest (54)
porte, f., door (10)
portefeuille, m., portfolio (35)
porter, to carry; to wear (25)
portillon, m., small gate (21)
poser, to put down; se poser, to light on something. to land (7)
poule, f., hen; chicken (14)
pour, for (11)
pourquoi, why (9)
pourri, -e, rotten (51)
pourtant, however; nevertheless (19)
pousser, to grow; to push (26)
pousser un cri, to utter a scream (57)
pouvoir, to be able; il peut, he can (9)
pouvoir, m., power; government (41)
pratiquer, to practise (34)
pré, m., meadow (47)
prêcher, to preach (34)
prédire, to predict (43)
premier, -ère, first (6)
prendre, to take (6)
près, near (20)
presque, nearly; almost (14)
prestement, quickly (53)
prêt, -e, ready (19)
prêter, to lend (56)
prêteur, m., lender (57)
prêtre, m., priest (27)
prier, to pray; je vous prie, please (6)
primeur, f., early fruit (53)
prise, f., taking (41)
prisonnier, m., prisoner (29)
prix, m., price; prize (48)
prochain, -e, next (21)
produire, to produce (33)
profiter, to profit; to make the most of (39)
profond, -e, deep (44)
promettre, to promise (19)
proviseur, m., headmaster of a lycée (50)
provisoire, temporary (43)
puis, then (16)
puissance, f., power (30)
puissant, -e, powerful (34)
pupitre, m., desk of a student (47)

q

quai, m., platform (21)
quand, when (4)
quant à, as to; with regard to (51)
que, that; which; what (4)
quel, quelle, what; which; that (6)
quelque, some; any; few (17)
quelquefois, sometimes (50)
qui, who; which; that (11)
quitter, to leave (15)
quoi, what; à quoi bon, of what use (56)

r

raison, f., reason; avoir raison, to be right (14)
rallier, to rally (39)
ramasser, to pick up (54)
ramener, to bring back (57)
rang, m., rank; row; line (50)
rappeler, to recall (42)
rapporter, to bring back (32)
rat, m., rat (11)
rayon, m., ray (18)
recherché, -e, much sought after (55)
récit, m., narrative; story (52)
recommandé, -e, registered (23)
recommencer, to begin over again (6)
récompense, f., reward (57)
réconcilier, to reconcile; to become friends again (34)
reconnaissance, f., gratitude (27)
reconnaître, to recognize (34)
reculer, to go back; to fall back (39)
redevenir, to become again (40)
redescendre, to come down again (16)
rédiger, to write; to compose; to edit (45)
redingote, f., frock coat (48)
redouter, to dread (57)
redressement, m., recovery (45)
réfectoire, m., refectory; dining hall (50)
réfléchir, to reflect; to think matters over (51)
refouler, to drive back (42)
regard, m., look; expression (41)
regarder, to look at (7)

régence, f., regency (35)
règle, f., rule (10) ruler (47)
réglé, -e, ruled (36)
règlement, m., regulation (22)
régner, to reign; to rule (30)
remettre, to give; to deliver; to put off (17)
remis, (past. part. of **remettre)** recovered (48)
remonter, to go up again; **remonter la rivière,** to go up stream (38)
remplir, to fill (23)
remporter, to win (26)
rencontrer, to meet (4)
rendez-vous, m., date; appointment (19)
rendre, to render; to return; **se rendre,** to surrender (25)
renseignement, m., information (23)
rentrer, to return (22)
répéter, to repeat (7)
répit, m., respite (42)
répliquer, to reply (52)
répondre, to answer; to reply (2)
reposer (se), to rest (42)
repousser, to repulse; to push back (42)
ressembler, to ressemble; **se ressembler,** to look alike (14)
ressortir, to stand out; **faire ressortir,** to bring out (37)
reste, m., remainder; balance (57) **du reste,** moreover (48)
rester, to remain (15)
rétablir, to reestablish (44)
retard, m., delay; **en retard,** late (19)
retirer (se), to get out; to withdraw (44)
retour, m., return (23)
retourner, to return (23) **temps de se retourner,** time to think about what to do next (57)
réussir, to succeed (17)
revenir, to come back; to return (32)
revoir, to see again; **au revoir,** good-bye (8)
révoquer, to repeal; to cancel (36)
rhinocéros, m., rhinoceros (11)
rhume, m., cold (20)
richesse, f., wealth (26)
ridicule, ridiculous (26)

rien, nothing (15)
rire, to laugh (51)
rivière, f., river (28)
robe, f., dress (4)
roi, m., king (26)
roman, m., novel (35)
rond, -e, round (27)
roucouler, to coo (49)
rouler, to roll (53)
roux, -sse, reddish (50)
royaume, m., kingdom (31)
ruineux, -euse, ruinous (57)
rusé, -e, cunning (31)

S

sa, f., of **son,** his; her (4)
sachant, pres. part. of **savoir** (41)
sacré, -e, sacred (40)
sacrer, to crown (30)
Sainteté, f., holiness (32)
sais, 1st pers. sing. pres. of **savoir** (6)
sale, dirty; soiled (16)
salle, f., large room (6)
salon, m., drawing-room (3)
salut, m., saving (42)
sang, m., blood
sans, without (30)
santé, f., health (35)
satisfait, -e, satisfied (50)
saucisse, f., sausage (50)
sauf, except (20)
sauter, to jump (56)
sauterie, f., informal dance (53)
sauver, to save (26)
savant, m., scholar (22)
saveur, f., savour; taste (53)
savoir, to know; **je sais,** I know (13)
savoir, m., knowledge (49)
scandaleux, -se, scandalous (23)
se, himself; herself; itself; themselves; **il se donne un coup sur la tête,** he hits himself on the head (10)
sec, sèche, dry (16)
sécher, to dry (58)
secours, m., help (34)
seigneur, m., feudal lord; lord (31)
selon, according to (44)
semblable, similar (45)

sembler, to seem; to appear (39)
sentir, to feel; to smell (11)
serpent, m., snake; serpent (11)
serpenter, to wind one's way (54)
serré, -e, tight (21)
ses, see **son**
seulement, only (1)
si, if (6); so (15); **Si!** Yes, I insist! (13)
siècle, m., century (26)
signifier, to mean (10)
singulier, -ère, strange; peculiar (50)
sœur, f., sister (3)
soi, oneself; **soi-même,** oneself (21)
soie, f., silk (31)
soir, m., evening (13)
soit! so be it! very well! (56)
soldat, m., soldier (14)
soleil, m., sun (36)
solennel, -le, solemn (48)
somme, f., sum (56)
sommeil, m., sleep (36)
son, sa, ses; his; her; (4)
son, m., sound (13)
songer, to think; to dream; to
   consider (55)
sonner, to ring (50)
sont, 3rd pers. pl. pres. of **être** (1)
sorcière, f., witch (30)
sortir, to go out (8)
sottise, f., foolish act (52)
sou, m., (20) **sous,** in a franc (49)
soudain, suddenly (75)
souffler, to take breath (58)
souffrant, -e, ailing; indisposed;
   unwell (53)
souhaiter, to wish (50)
soumettre, to submit (31)
soupçon, m., suspicion (57)
soupière, f., soup-tureen (55)
souplesse, f., suppleness; adaptability
   (55)
sous, under (7)
se souvenir de, to remember (50)
souvent, often (42)
succéder, to succeed (26)
su, past part. of **savoir** (46)
Suisse, f., Switzerland (31)
suisse, Swiss (31)
suivant, -e, following (13)
suivre, to follow (33)

supprimer, to suppress (37)
sur, on (3)
sûr, -e, sure; **bien sûr,** of course (14)
surlendemain, m., day after tomorrow
   (51)
surprendre, to surprise (48)
surtout, especially; above all (17)
surveillant, m., supervisor (51)

t

tableau, m., picture (22); **tableau noir,**
   black board (10)
tâcher, to try (56)
taille, f., stature; height (26)
tailleur, m., tailor (19)
taire, (se), to hush up; **taisez-vous,**
   shut up (6)
tandis que, while (52)
tant, so much; **tant mieux,** so much
   the better (21)
tapage, m., row; uproar (51)
taper sur, to bang on (47)
tapis-roulant, m., a type of escalator
   (21)
tard, late (34)
tarif, m., rate (23)
temps, m., weather; time (9)
tempête, f., storm (51)
tenable, bearable (54)
tendre, to offer; to hold out (24)
tenter, to tempt (47)
tenture, f., hanging (55)
tenir, to hold; to insist; **tu y tiens,** you
   insist (15)
tenir compagnie, to keep company
   (53)
terre, f., ground; earth; **par terre,** on
   the ground (12)
testament, m., will (37)
tête, f., head (8)
tiède, lukewarm; mild (52)
Tiers Etat, m., third estate (37)
timbre, m., postage stamp (23)
toile, f., cloth; linen (31)
toilette, f., dress; outfit (55)
toit, m., roof (49)
tolérer, to tolerate (42)
tomber, to fall (16)

ton, m., **ta,** f., **tes,** pl., your (11)

toujours, always (9)

tour, m., turn; **tour de force,** feat of strength (44)

tourner, to turn; **point tournant,** turning point (42)

tournoi, m., jousting match (34)

tout, toute, toutes, tous, all; everything; the whole (2) **tout le monde,** everybody; **pas du tout,** not at all; **tout à fait,** entirely; completely (51)

toutefois, however (19)

trahir, to betray (50)

train, être en train, to be engaged in (15)

traître, m., traitor (50)

tranchée, f., trench (42)

transe, f., trance; fear (54)

travail, m., work (14)

travailler, to work (25)

travers, en travers, crosswise (48)

traverser, to cross (47)

très, very (1)

trésor, m., treasure; treasury (56)

tricorne, m., three-cornered hat (48)

triste, sad (38)

tromper (se) to be mistaken (58)

trop, too much (14)

trouver, to find; to discover; **se trouver,** to be in a place (10)

truite, f., trout (49)

tuer, to kill (31)

tutelage, m., tutelage (34)

type, m., fellow (27)

u

un, -e, a; an; one (2)

unifier, to unify (31)

unir, to unite (25)

usine, f., factory (44)

usurier, money-lender (57)

utile, useful (10)

v

va, 3rd pers. sing. pres. of **aller** (8)

va-et-vient, m., coming and going (53)

vaincre, to vanquish; to defeat (31)

vainqueur, m., winner (25)

vais, 1st pers. sing. pres. of **aller** (14)

vaisselle, f., plates and dishes (55)

valser, to waltz (54)

vapeur, f., steam (15)

veille, f., eve (42)

vendre, to sell (23)

vendredi, m., Friday (16)

venir, to come (17)

verre m., glass (51)

vers, towards (7)

vert, -e, green (10)

vestiaire, m., cloak-room (22)

vêtements, m. pl., clothes (57)

veut, 3rd pers, sing. pres. of **vouloir** (31)

veuve, f., widow (33)

viande, f., meat (29)

victoire, f., victory (22)

vide, empty; vacant (48)

vieilli, -e, aged (57)

vieux, vieil, m., **vieille,** f., old (19)

vif, -ive, lively; peppy (27)

vilain, wicked (35)

ville, f., town (26)

visage, m., face (41)

vite, quickly (25)

vivre, to live; **Vive!** long live! (9)

voici, here is; there is (12)

voie, f., way, road (45)

voilà, there is; there are (15)

voir, to see (7)

voiture, f., vehicle; carriage; car (57)

voix, f., voice, vote (44)

voler, to fly; to steal (8)

voleur, voleuse, thief (50)

volontiers, willingly; gladly (50)

votre, your (8)

vouloir, to want; to wish; **tu veux dire,** you mean; **si tu veux,** if you wish (9) **s'en vouloir,** to be annoyed with oneself (48)

voyager, to travel (18)

voyons! look here! (9)

vrai, -e, true (15)

vue, f., sight; view (3) **avoir en vue,** to have in mind (50)

W

Wisigoth, m., wisigoth (26)

Y

y, it; there; to it; in it; on it; **il y
a,** there is; there are (1)
y compris, included (30)